知的生きかた文庫

できる人の語彙力が身につく本

語彙力向上研究会

三笠書房

はじめに

人間にとって一番のコミュニケーションツールは、何といっても言葉です。ところが、現代人は語彙力が低下しているといわれます。

語彙力とは、いろいろな言葉を知っていて、会話や文章で的確に使える力です。この力がある人は、自分の思っていることを相手にしっかり伝えることができます。つまり、語彙力は自分自身をアピールする重要なツールにもなるのです。

資格をとったり、見た目の美しさを磨くには手間も時間もかかります。けれど、語彙力は「言葉を覚える」だけで簡単に身につき、繰り返し使うことで血となり肉となります。お金も時間もかけずに知性や品格を磨き、周囲からの評価も上がるのですから、ぜひ身につけておきたい力です。

語彙力が豊かになれば、周囲から一目置かれる伝え方ができるようになります。そのためにも、大いに本書を活用してください。

語彙力向上研究会

目次

第三章　日常会話に驚くほど深みが出る語彙

第四章

気持ち・イメージが伝わる慣用句とことわざ

第五章 うっかり間違えると恥をかく語彙

第六章

気持ちや様子がピタッと伝わる語彙

◆鳴り物入り　何かと派手な宣伝　168
◆人心地　緊張がほどけてホッとする　169
◆つつがない　病気もせず、元気なこと　170
◆尾籠な話　下ネタを話す前にこの一言を　171
◆印ばかりのもの　手土産を渡す折に　172
◆砂を噛むよう　味気なさを感じたら　173
◆ひとしお　より一層のニュアンスで　174
◆のるかそるか　ここ一番の大勝負に出る　175
●使ってみたい粋な言葉　176／●ちょっとコミカルな言葉　178
●日本語の美しさを感じさせる言葉　180
●覚えておきたい三字熟語　182

第七章　上手に使うと評価が上がる四字熟語

◆呉越同舟　敵同士が助け合う　188
◆高論卓説　すばらしい意見をほめるときに　190
◆面目躍如　持ち味を活かして活躍する　191

本文ＤＴＰ／フォレスト

第一章

社会人として評価される語彙力の磨き方

人は「語彙力」で判断されている

「人は第一印象で判断される」といわれますね。でも、長くつき合うなら、その人の性格や考え方、教養や趣味などをより深く知りたいものです。

では、そうした個人の人柄や知性を何で判断するかといえば、その人の言葉が一番の目安になると思います。

見た目はきれいで真面目そうに見えても、やたらに「やばい」「ださい」「うざい」などと口にする人には、とても知性や品位を感じられません。

反対に、一見軽薄な印象を受ける人でも「ご足労いただき、ありがとうございます」「お知恵を拝借できますか」など、きちんとした言い回しをされると、一目置くようになるものです。このように、言葉はただ情報を伝えるだけでなく、その人の教養や心根まで、さりげなく教えてくれるわけです。

この本で紹介する「語彙」とは、簡単にいえば、使いこなせる言葉の数です。表現力を測る大きな基準になるものですが、「語彙」という言葉そのものが堅苦しくて、あまり日常的に使わないかもしれません。

「語彙が豊富」というよりは、「ボキャブラリーが豊か」のほうが伝わりやすいようです。「私は語彙不足で、うまく表現できないんです」より「僕のボキャブラリーではうまく言えないけれど」というほうが一般的でしょう。

語彙が多い人とは、いわば言葉の引き出しをたくさん持っている人のこと。

これに対して語彙が少ない人は、言葉の引き出しが少ないか、引き出しの中身が貧弱で、対応力や応用力がない人です。

たとえば、三、四歳の子どもと二十歳を過ぎた大人に向かって「お腹がすいていますか？」と聞いたとしましょう。

これに対して、語彙も少なく表現する術《すべ》を知らない子どもは、単純に「お腹すいてる」と答えるか、「ううん、すいてない」と返すかでしょう。

一方、大人の場合は、「お腹がすいた」という平凡な返事だけでなく、「小腹がすいたな」「ちょっと口寂しい」「さっきからお腹が鳴っているよ」「ひもじくて夕食まで待てない」「もう飢え死にしそう」など、空腹の度合いを表す言い方をマスターしています。

ここが大人と子どもの違いでしょう。成長しても、語彙を増やす努力をしなければ、いつまでたっても表現力は子どものままということになるのです。

人の教養や表現能力が「語彙力」で判断されるとすれば、貧弱な言葉の引き出しをそのままにしておくわけにはいかないでしょう。

では、どのように語彙力を強化するか。それは、言葉に敏感になることです。よく「語彙力の強化には読書がいい」といわれますが、ただ本を読むだけで語彙が増えるわけではありません。

人と話をしていても、テレビや映画を見ていても、新聞や雑誌を読んでいても、あるいはネットのニュースを追っていても、**言葉に対するアンテナをピンと張っていれば、自然と語彙は豊かになるもの**です。いつも言葉に対する感性と好奇心を持って、会話や読書を楽しむことが語彙力を身につける何よりの方法です。

「こういう言葉遣いは素敵だな」

「この言い方は覚えておこう」

そんな小さな心がけが、やがて豊富な語彙力に結びつくわけです。

語彙力が高い人ほど得をする

知的な人だと思われたり、教養がありそうに見えたり……語彙力が高くて得をすることはたくさんありますが、生活の中でそれが現実的な利益につながることも少なくありません。

実際に考えられるのは、**就職試験や入学試験、お見合い、オーディションなど、自分を最大限にアピールしなければならない、ここ一番の場面です。**

とりわけ一生を左右する就職試験の面接では、たとえ気合を入れて試験官の前に出ても、才気を感じさせる言葉遣いや好感度の高い表現力を駆使できなければ、合格のハードルはぐっと高くなってしまいます。

面接ではよく、「自己アピールをお願いします」という注文が出ます。こんなとき、ほとんどの人は「自分は根性だけは誰にも負けません」「小さい頃からスポーツで鍛えているので、気力と体力には自信があります」というように、自分の長所を強調するでしょう。

ところが、一日に何人もの受験者を面接する試験官にとって、こうした平凡な言葉では、なかなか記憶に残りません。

そこで、試験官の印象に残るような回答をするには、やはり豊富な語彙を活かして、ユニークな発言をするのが効果的なのです。

たとえば、受験者が「かつて大横綱が言った『精神一到《いっとう》、何事か成らざらん』という言葉に深い感銘を覚えました。精神や神経を集中すれば、どんな難しいことでも成し遂げられるという、前向きな考え方に共感し、『精神一到』を私自身の座右《ざゆう》の銘にしています」と話したらどうでしょうか。

若者が「精神一到」などという難しい熟語を知って、その意味を理解していることに驚き、さらに相撲に関心があることにも興味を持たれるでしょう。

そこで、「幼い頃から祖父を敬愛していましたので、自然と祖父が好きな相撲にも親しみを持ちました」などと話すと、年長者への尊敬の念や円満な家族関係にまで想像が及び、その人の印象がぐっと強くなるのではないでしょうか。

このように限られた時間の中で自分をアピールする場合、語彙力があれば、人とは明らかに違った言葉で自分を表現することができます。

もちろん、自分の長所や特技を披露するだけでは単なる自慢になってしまいますから、あまり欲張るのは良くありません。

個性を際立たせるために大きな声を出すよりは、むしろ静かな語り口で話したほうが審査員の「受け」はいいものです。

ただ、どんな場合も言葉に知性が感じられなければ、評価は得られません。

最近多いのが、何を聞いても「大丈夫です」と答える例ですが、「大丈夫」は使い勝手のいい便利な言葉だけに、使いすぎると、語彙を広げるにはかえって障害になっています。

「質問はありますか?」「大丈夫です」、「勤務時間の希望はありますか?」「大丈夫です」などと、何でも「大丈夫です」で答えていると、一番大切なコミュニケーション能力を疑われることにもなりかねません。

こうした場合、語彙力の高い人ほど有利になるわけですから、こんなに得なことはありません。語彙力を磨くことが人生をプラスに導くなら、やってみて損はないでしょう。

語彙力があると人間関係もスムーズに

私たちがコミュニケーションをとる手段としては、言葉が第一です。

昔から「物も言いようで角が立つ」といわれるように、人間関係をスムーズにするのもギクシャクさせるのも、言葉の使い方に左右されるケースが多いのです。それならば、日本語をコミュニケーションツールとして上手に使い、気持ちのいい人間関係をつくりあげるのも大切なこと。

日常生活でもビジネスでも、周囲の人が気分を害したり、不愉快な思いをしないよう、最低限の心遣いは忘れないようにしたいものです。

特に職場で忘れてならないのが、相手を尊重する気持ちです。職場以外でも、人が一番傷ついて不愉快になるのは、「認められない」ということでしょう。

人間にはもともと「人に認められたい」という承認欲求があるため、たとえ故意でなくても、無視されたり軽く扱われると、「自分が認められていない」と感じてひどく不愉快になってしまいます。

ですから、まずは自分が相手の存在を十分に認め、「協調関係を保ちたい」という気持ちを表すことが、コミュニケーションの基本になります。

ただ、相手を認めるということは相手に同意するのとは違いますから、別にご機嫌をとるわけではありません。要は、「私はあなたの存在を認めて、あなたの言うことにも耳を傾けますよ」というスタンスでいればいいのです。

一般的に、コミュニケーション能力の高い人は、豊富な語彙を活かして相手に合う話し方をします。

ところが、言葉の引き出しが少ないと、誰に対しても決まりきった話し方しかできず、聞き手の理解や共感を得るのが難しくなります。

聞き手の関心事や知識レベルなどを考えて、相手が十分に理解できる範囲で話を伝えるのが、できる大人のテクニックといえます。

ただし、話のはじめと終わりに否定的な言葉を入れるのはタブーです。いきなり「でも」「いや、その件は」などと否定形の言葉から話を始めると、続きを聞きたくなくなるだけでなく、話し手自身の好感度も下がってしまいます。

もちろん、話の最後に「まあ、結局は無理だろうけど」などと冷や水を浴びせるのも厳禁です。

コミュニケーションの後味を良くするためにも、話の最後は必ず「肯定」で締めたいもの。たとえ相手の申し出を断る場合でも、「お気遣いありがとうございました。これに懲りずに、またぜひお声をおかけください」と丁重に応えれば、決して関係が損なわれることはないでしょう。

さて、「責任を取りたくない」という思いから、ついつい話が言い訳がましくなることがありますが、「イヤなやつ」というマイナスイメージにつながりやすいので慎みましょう。「終わり良ければすべて良し」といいますが、少なくとも笑顔で話を締めるように心がけるべきです。良いコミュニケーションとは、後味が良い対応のことで、「また会いたい」「この人と話すと楽しい」と思わせたら大成功です。

そのためには、自分中心の「ミーファースト」の話し方ではなく、**相手中心の「ユーファースト」の話し方に徹する**こと。

どうしても話が弾まないときは、コミュニケーションの潤滑油として、「さすがですね」「知らなかったです」「すごいですね！」「センスがいいですね」「そうなんですか」の「さしすせそ」を活用するのもいいでしょう。

語彙力の高い人がしている習慣

語彙力を高めるといっても、大学の国文科を卒業したり、ビジネススクールでスキルを磨いただけでは、とても一人前のボキャブラリーを身につけたとはいえません。言葉も時代とともに変化しています。常に言葉に対する感受性を磨き、新しい表現を取り入れる努力をしなければなりません

また、コミュニケーションに活かさなければ、せっかくの語彙も宝の持ち腐れになってしまいますから、とにかく実践的に使うことが大切です。

では、語彙力の高い人は日頃どんなことを心がけているのでしょうか。

やり方は人それぞれですが、**言葉を貪欲に吸収し、何度も繰り返し使う**という点では共通しています。

たとえば、一番多いのは読書ですが、現代ではスマホやパソコンを駆使して時代の潮流を読み取ることも必要ですし、ニュースや人気のあるブログを読んで、新鮮な文章力を学ぶ訓練も欠かせません。

また、わからない言葉の解説や使い方を調べたり、確認するのに辞書は欠かせませんから、スマホや電子辞書を活用するのもいいでしょう。

さらに、言葉の用法に慣れるため、日記やブログを毎日書くという人も意外に多いもの。人に読まれることを意識すると、言葉に対する感覚が鋭くなり、文章がシェイプアップされるのが、公開記事の利点です。

最近では、個人の日本語の語彙力を測定するサイトを利用して、ネット上で自分の能力を測ることもできますから、時には力試しもいいでしょう。

ある若い女性の言葉遣いが非常にきれいなので、「どのようにして言葉を学んでいるのですか？」と聞いたところ、「私は、小津安二郎監督や市川崑《こん》監督の作品が大好きで、何度も映画を見て、きれいな日本語を身につけるようにしています」と言うので、「なるほど」と感心したことがありました。

このように、自分の好きなものや興味のあることを通して言葉を学ぶのは、最も効率のいい方法です。

一般にあまり語彙の勉強にはならないといわれているテレビも、「こういう日本語は感心しない」という反面教師として利用すると、なかなか役に立つものです。

要は、映画でも本でも新聞でも、そこから**興味深い単語や利用価値の高い言葉をピックアップして、自分の語彙として貯金する習慣**を身につければ、やがて流暢《りゅうちょう》に言葉を操れるようになるわけです。

語彙力の高い人が生活の中で習慣にしているのは、飽きずに毎日、繰り返し言葉に親しむということでしょう。

だからといって、「よし、毎日頑張って語彙を増やすぞ！」と意気込んでも、すぐに息が切れてしまいます。そこにちょっとした楽しさや面白味がなければ、長続きしないものです。

そこで、たとえば、一カ月にひとつ、好みの古典落語をとことん聞きつくすなどというのも、おすすめの方法です。粋で小気味のいい江戸言葉のニュアンスに触れて、「日本語っていいものだな」と思えたら、そこから自然と語彙力は膨らんでいくでしょう。

確かにコミュニケーションに役立ち、社会的なメリットも多い語彙力ですが、その能力を高める一番の原動力はワクワクするような遊び心。**「日本語って面白い」**という発見が、何よりのモチベーションになるのです。

会話に知性と教養をにじませる人が成功する

「知性のある人とない人の、どちらが好きですか?」と聞かれて、「知性のない人」と答える人はまずいないでしょうね。

親しく話をするなら、物事を幅広く知っていて、それを機知に富んだ語り口で話してくれる知的な人がいいに決まっています。

しかも、本当に知的で教養豊かな人は、人を惹きつける表現力を兼ね備えていて、話を聞く人のレベルまでも引き上げてくれる気がするのです。

ただ頭の良さを鼻にかけてエリート意識をむき出しにする人や、「こんなことも知らないの?」と人を見下す態度は論外です。そもそも傲慢な態度を見せた段階で、その人の知性や品格は帳消しになってしまうでしょう。

他人に対する敬意や社会的な良識を備え、そのうえで多彩な語彙と表現力があれば、人に好感を持たれるのは言うまでもありません。

では、知的な話し方とはどんなものでしょうか。それは、**相手の知識レベルやシチ**

ュエーションに合わせて、丁寧な言い回しで応じることと、シンプルな中にも日本語の美しさを感じさせることではないでしょうか。

無理に難しい言葉を使う必要はなく、ビジネスで使うなら丁重な言い回しが基本になります。

「超○○」などの強調の表現は軽薄すぎるのでタブーとしても、「爆買い」や「リベンジ」といった流行語はすでに社会に定着しているので、それほど問題はないでしょう。ただし、「きもい」や「うざい」といった俗っぽい言葉は仕事には向きません。

ビジネスに不向きな言葉は、もっと適切なフレーズに言い換えるのが一般的です。「きもい」は「独特の雰囲気がある」に、「うざい」は「うっとうしい」などと変換すれば、それほど違和感なく会話が成り立つのではないでしょうか。

目上の方や上司との会話では、敬語を正しく使っている限り特に問題はなさそうですが、難しいのは部下や派遣スタッフとのコミュニケーションでしょう。

役職者で部下のいる人でなくても、季節イベントの応援スタッフを雇い入れたり、アルバイトの人に対して自分が指示を出す立場になることはよくあります。

こうして「人の上に立つ」場合は、当然言葉遣いにも注意が必要で、それによってリーダシップの資質を問われる場合もあります。

人に指示するときにまず大事なのは、パワーハラスメントを起こさないことです。パワハラは社会倫理上許されることではなく、厳しく咎《とが》められますが、簡単にいえば「威張らない」「高圧的な態度をとらない」ということにつきます。

たとえ短期間のアルバイトの人に対しても、「お前、これやっといて」「ぐずぐずするなよ」などと偉そうに話すのは厳禁です。

当然のことながら、最低限のマナーとして謙虚な話し方を心がけ、質問にも丁寧に答えるのがルールと考えましょう。

仕事を指示する場合も、「よろしくお願いしますね」と言葉を添え、業務を終えたら「お疲れさまでした」と労《ねぎら》いの言葉をかけるのが当たり前です。

そのときに一言、「ずいぶん手際がよくなりましたね」などと加えると、働く人のモチベーションも上がるものです。

「親しみ」を表そうと、あえてフランクな言葉で話しかける人もいるようですが、部下からすれば「親しさの押し売り」にも思えることもあり、これはあまりおすすめできません。会話としてはビジネスライクな一線を守るほうが、お互いに安心といえるでしょう。

将来多くの部下を持つ場合に備えて、管理職としてのコミュニケーションの力を磨いておくのも大切です。**上司と部下の信頼関係を築くには、とにかく話を聞く姿勢を崩さず、精一杯の理解を示すことです。**

具体的にいえば、部下に反対意見を言うときも、一方的に「それは違うな。こうしなきゃダメだろう」ではなく、「そうか、なるほど。でも私ならこうすると思うけど、どうかな？」と聞くのが正解です。頭ごなしに意見を押し付けていいことはひとつもないのです。

もちろん、言うべきことをきっちり言葉で表現するのは大事なことですが、そういう場合も「あなたには期待しているから、あえて厳しいことを言わせてもらったよ」とフォローを入れるのが大切になります。

こうして常に対話と理解を怠らないようにしていれば、職場のコミュニケーションも、人をまとめるリーダーとしての力も、必ず後からついてきます。

難しい言葉をサラリと使えると評価アップ

言葉をたくさん知っているということは、ワードローブにさまざまなファッションを用意しているようなもので、シチュエーションに合わせていろいろな装いができるということでしょう。

たとえば、親しい人との集まりならジーンズとTシャツのくだけたスタイルで、ビジネスシーンならスーツを着こなして、パーティーなど晴れの場では優雅な装いで……と、その場にふさわしい自分を演出するわけです。**言葉もファッションと同じように、最高の自分を引き出すキラーアイテム**といえます。

特に、公の場で話す機会に恵まれたなら、ちょっと難しい言葉も自然に使いこなして、「さすが」と思わせたいものです。

晴れの場で使う言葉は、いわば「よそ行き」ですから、照れずにカッコよく決めましょう。

役員の就任式などでよく耳にする「栴檀《せんだん》は双葉《ふたば》より芳《かんば》し」などという言葉も実に格

調高いものですが、「せんだんは　ふたばより　かんばし」と聞いて、すぐにその意味と背景がわからなければ、すんなり口にはできません。

このことわざは「せんだんは芽吹く頃から早くも芳しい香りがするように、大成する人は幼いときから目立って優れたところがある」という意味です。優秀な人を形容するときによく使われますが、口にするなら、よどみなくスラスラと言わなければいけません。

また、「愛出《い》ずる者は愛返り、福往《い》く者は福来たる（あいいずるものはあいかえり、ふくいくものはふくきたる）」という言葉も響きが美しく、多くの人に愛されています。その意味は「人を愛する者は人からも愛され、人に対して善行を施す者には幸福が返ってくる」というもの。

結婚式や金婚式など人生の記念日のスピーチとして定評のあることわざなので、聞いたことのある人も多いでしょう。いかにも愛情豊かな表現はおめでたい席にぴったりで、人生を寿《ことほ》ぐにふさわしい言葉です。

こうした**ことわざや熟語を自分の語彙の中にしっかりキープしておけば、いつでもピックアップして活用できます。**

ある程度、年を重ねた人はもちろん、若い人がこうした格調の高い言葉を引用するのは、とても知的で格好よく見えるものです。

もしビジネスのイベントなどでこうした言葉を披露すれば、「なかなか教養のある人だ」と、期待される存在になるかもしれません。

そのほかにも「人事を尽くして天命を待つ」や「青は藍《あい》より出でて藍より青し」「伏すこと久しきは飛ぶこと必ず高し」など、少し難解で味わい深い言葉はまだまだたくさんあります。

こうした言葉は語彙としていったんインプットし、今度はきれいな日本語としてアウトプットしていくのが王道でしょう。

「今の若い人は日本語を知らない」などと非難されてから久しいのですが、格調の高い言葉は志のある人によって受け継がれ、今も生き続けています。

語彙が増えるごとに新たな発見がある。そんな日本語の美しさとすばらしさを、より多くの人に知ってもらいたいものです。

第二章

ビジネスで使える、知性が輝く語彙

素封家《そほうか》

——代々続く資産家の代名詞

古くからの資産家といわれる家があります。それを素封家と呼びます。「次期社長のご実家は代々の素封家で、地元でも有名な旧家だそうです」「専務の奥様は素封家のお嬢様ですから、まさに深窓の令嬢です」などと、資産家の家柄を表すのです。

「素封家」を「そふうか」と読む人がいますが、「そほうか」が正解です。ただ、「そほうか」が何を表すのか、すぐにわかる人は少ないでしょう。

「素封」とは『史記』にある言葉で、「素」はないこと、「封」は社会的な地位や領地のこと。つまり、もともと「素封」とは、社会的な地位や領地はないことで、それが転じて、**地位や名誉はなくても王族並みの財産がある大金持ちを「素封家」**と呼ぶようになったのです。

ポイントになるのは「代々続いた資産家のお宅」「昔からの財産家」という位置づけ。そこには急に金持ちになった「成金」とは違うという評価が含まれています。

ただし、「素封家」はあくまでも客観論なので、その家の人が口にしてはいけません。

舌戦《ぜっせん》――言葉と論理を武器にして勝つ

「おい、昨日の公開討論会はすごかったな。あんな激しい舌戦見たことないよ」

「そりゃあ次期ＣＥＯの座をかけた真剣勝負だもの。迫力があったね」

などというサラリーマンの会話が聞かれますが、言葉を武器に自分の主張を押し通す戦いは、どんな世界でも見られます。

「舌戦」とは、相手の主張に負けないように言葉で争うこと、口頭で激しく議論することです。

言葉での応酬《おうしゅう》になるのですが、「舌戦」という言い回しには、単に言い合いをするだけではなく、**巧みな話術、あるいは理論武装した論法で勝ちに行く**という、高度な戦略が感じられます。

それもそのはずで、もともとは『三国志演義』から出た言葉。最高の軍師とうたわれた諸葛孔明《しょかつこうめい》の大論戦の故事が由来なので、いかにも知的で論理的なイメージがあるのでしょう。

篤実《とくじつ》——情が厚くて誠実な人へのほめ言葉

まじめで思いやりがあること、誠実な性格などを表す言葉です。ただ、普通は「温厚篤実」という熟語で表すことが多く、「先生は篤実なお人柄で」というより「温厚篤実な先生は、誰からも尊敬されています」といった言い方のほうが一般的です。

「篤実」も「温厚」も、温かで情が厚く、誠実な様子を表現しているのですから、それがダブルで使われていれば、誠実さも折り紙付きというところでしょうか。

当然「温厚な性格で」というよりも「温厚篤実な性格で」としたほうが、ひとまわり格調高いニュアンスがあります。

もともと「篤」は名前の文字としても人気がありました。特に「篤姫《あつひめ》」が大河ドラマになってからは、男女ともにこの字を使った子どもが増えたといいます。

一見あまり使う機会のないように見えますが、「誠実な人柄」を「篤実なお人柄」に言い換えるだけで、さりげなく語彙の豊かさを示せるのではないでしょうか。

仄聞《そくぶん》――単なる噂《うわさ》好きとは違う

「仄」という字は、訓読みをすると「ほのか」です。それに「聞」が付いたので、「間接的に聞くこと」「噂などで耳に入ってくること」となり、誰かから伝え聞いたことを表します。

使い方としては、

「仄聞するところによりますと、あの会社の経営は最近かなり厳しいそうです」

「自社ビルを建てるなど、業績は好調だと仄聞しております」

など、**断定的にものを言いたくないときの婉曲《えんきょく》表現**として、便利に使われています。

つまり「聞いたところによりますと」とほぼ同じ意味なのですが、ビジネスでは、「仄聞したところでは」にしたほうが知的でスマートに聞こえます。

特にお得意様や営業相手に「こんな話がありますが」とさりげなく伝えたいときなど、「仄聞したところでは」を使うと、できるビジネスマンらしく聞こえるでしょう。

類語には、「風の便り」「聞き及ぶ」「聞き知る」などがあります。

忖度《そんたく》——相手の気持ちを推しはかる

人づき合いでは、相手の気持ちを考えることが大切です。そんなときに使うのが「忖度」という言葉です。

その意味は、「他人の心中や意向を推しはかること」「相手の気持ちを慮《おもんぱか》ること」で、「彼の心中を忖度する」などと表現します。日頃、自然に誰もがしていることなのですが、実社会では、**誰かの要望を察知して、物事がうまくいくように配慮する**という意味で使われている場合が多いようです。

こういうと「忖度」は、権力者や上役の心中を推しはかることで、不公正なニュアンスもあるのですが、はっきり「考慮」といわず「忖度」ということで、いわゆる「大人の分別」を感じさせる表現になっています。

「あなたは○○建設への忖度から融資額を倍増したわけですね！」と、検察の尋問にも使われるのが「忖度」という言葉の闇の部分。このように、利害関係やお金のからむ場面で生々しく使われることが多いようです。

ご相伴《しょうばん》 ——目上の人に可愛がられる一言

もし上司から「今晩お得意様の接待があるんだが、君も同行しないか?」と言われたら、何と答えればいいでしょうか。

「はい。おつき合いいたします」「それではご馳走《ちそう》になります」「ご一緒いたします」などいろいろありますが、最適なのは「ご相伴にあずかります」です。

「ご相伴にあずかる」とは、連れ立って行くことですが、**正客《しょうきゃく》の連れとして同席してもてなしを受けること**、人の相手を務めて一緒に飲み食いするという意味もあるため、誰かのもてなしを受けるときの言い方としてはベストです。

「ご相伴いたします」はもともと茶道の席で使われる言葉で、「あなたとご一緒に、この席でおもてなしを受けられることを、とても幸せに思います」という感謝の気持ちを表します。

ちょっと古めかしい感じもしますが、丁重な返事ですから、決して失礼にはなりません。それどころか、どんなお誘いにも対応できるとても重宝な言い回しです。

ご高名《こうめい》

——最高ランクの知名度

憧れの作家や著名な学者など社会的に知られた人に会ったときには、「ご高名はかねがね承っております」「○○様のご高名は、かねてよりうかがっておりました」と言うのが定番で、「ご高名」についてこれ以外のアレンジはあまりないようです。

世に知られた人を評する言葉には、有名、著名、高名などがありますが、使い方にはそれぞれの特徴や評価ランクがあります。

たとえば、「有名」は話題にのぼる事柄なら善悪どちらについても使われるもので、「有名校」や「有名店」など良い意味もある一方で、「近所でも有名な道楽息子」など、悪い評価でも使われます。

著名は「著名な文学者」のように、社会的に認められた人を文語的に表す言葉で、尊敬を込めた格調ある表現です。

さらに「高名」は評価レベルとしては最高ランク。**その道で高い評価を受け、成功を収めた功労者にだけ許される、**勲章のような名称です。

ご厚《こう》情《じょう》を賜《たまわ》り――ビジネスの常套句《じょうとうく》として

話し言葉でも文章でも頻繁に使われるのが「ご厚情を賜り」というフレーズです。特にビジネス文書やかしこまった挨拶は、「ご厚情」という言葉を抜きにしては成り立たないほどです。

「ご厚情」は文字通り人情が厚いことをいい、**思いやりの心を持って相手に接するときに使います**が、ビジネスの基礎用語といっていいでしょう。

「ご厚情を賜り」の後には、感謝の表現を用いて「深く感謝申し上げます」とするのが一般的です。また、「ご厚情痛み入ります」と、ありがたさに恐縮する様子を表すことも少なくありません。

「ご厚情」が最もよく使われるのは年賀状でしょうか。「日頃のご厚情に心より感謝いたします」は定番中の定番。この語句がスムーズに口にできれば、社会人としても一人前でしょう。

不《ふ》束者《つつかもの》

――慎ましい態度で好感度アップ

「おたくの新人、若いのに気が利いてすばらしいねぇ」

そんなふうに、取引先の人から部下についてほめられたら、何と答えますか。

たとえば、「そうなんです！　私の部下にしておくのはもったいないほどの人材でして」と言えば、自慢が過ぎて鼻につくかもしれません。しかし、「いえいえ、全然だめです。大したやつじゃありません」などと思い切り否定したのでは、相手も気分が悪いでしょう。

こんな場合に適しているのが「不束者」という表現です。不束者とは、**行き届かない、たしなみに欠ける、繊細な配慮が足りない、不調法《ぶちょうほう》**などの意味を持ちます。

「部長のような方にほめていただき恐れ入ります。不束者ですが、今後ともよろしくお願いいたします」

と頭を下げれば、感謝の意と謙虚さを同時に表せます。「不束者」を「未熟者」に置き換えてもいいでしょう。

お膝《ひざ》送《おく》り

――宴席で株を上げる気配り

座敷を借りて会社の宴会。ところが当日、飛び入り参加が数名あり、狭い会場がさらに狭くなってしまいました。しかし、なんとか人数分の席を確保しなくてはなりません。こんなとき、何と声をかけますか。

「申し訳ないのですが、ちょっとずつつめてもらえますか」

仲間の飲み会ならこれで十分ですが、上役もいる席なら、もうワンランク上の言葉を使いたいですね。このシチュエーションであれば、

「恐れ入りますが、少しずつお膝送りをお願いします」

と言えたらポイントが高いでしょう。

「膝送り」とは、**腰かけたまま順に膝をずらして席をつめること**で、「膝繰《ぐ》り」とも言います。後から来た人のために、少しずつ膝を奥のほうに送る様子から生まれた言葉。最近ではあまり耳にしない古風な表現だからこそ、「おや、いい言葉を知っているな」と一目置かれるでしょう。

鑑《かんが》みる

——決め言葉として使える

「この前例に鑑みると、われわれも慎重にならざるを得ません」

こんな発言を聞いて、「おお。カッコいい言い方だ。いつか自分も使ってみよう」と思った人もいるのではないでしょうか。

確かに「鑑みる」はクラシカルな響きとともに格調が感じられて、なかなかグレードの高い表現です。

しかし、それだけにハードルも高く、唐突に口にしても「背伸びをしているようだ」「違和感がある」と受けとられがちです。

「鑑みる」は一見難しそうな文字に見えますが、実は中学で習う常用漢字。特に難解ではないのですが、口にするとワンランク上に聞こえます。それだけに、ふさわしい場面でスマートに使えたら、「やるな!」と一目置かれるのは間違いないでしょう。

ところで、「鑑みる」の表現でよく見かけるのは「○○を鑑みる」という使い方ですが、これは誤用で、「○○に鑑みる」とするのが正しい使い方です。

では、なぜこんな間違いが起こるかというと、それだけこの言葉の意味が誤解されているからでしょう。

よくあるのは「現状を鑑みると、まだまだ改善の余地はある」という言い方ですが、これも誤用です。

本来「鑑みる」は、単に「○○を考える」という意味ではなく、**「過去の例に照らして考える」「他と比べ合わせて考える」**という意味ですから、

「バブル期の失敗に鑑みて、もっと投資効率を重視しなければなりません」

「時局に鑑みて、事業計画の見直しが必要です」

などというのが正しい使い方です。

ちなみに「鑑みる」の「鑑《かがみ》」は、「武士の鑑」「政治家の鑑」など、お手本、模範という意味で使われます。「過去の事例をお手本として見つめる」ことが言葉の根本にあったようです。

もともと「鏡」という意味があったもので、「鏡」を動詞化した「鑑《かがみ》る」に「ん」の入った形が「鑑みる」なのです。

おいとま
――そろそろ失礼するとき

　お客様の会社にうかがい、そろそろ帰ろうかというとき、何と切り出すでしょうか。「それでは、そろそろ……」「そろそろ帰ります」「今日はこれで……」など、いろいろな言い方があると思いますが、日本語には古くから「おいとまいたします」という優雅な表現があります。

「すっかり長居をいたしまして、そろそろおいとまいたします」

　こんな言い回しが自然に出てくるようなら、あなたの日本語力は、かなり高いと評価できるでしょう。

「おいとま」は漢字にすると「お暇」と書き、別れの挨拶のことを「いとま乞い」ともいいます。

　また、「おいとま」には、**帰るという意味だけでなく、職を離れるという意味もあります**。上司に対し「おいとまをいただけますか」と言えば、「仕事を辞めたい」という意思表示になります。

ご教示ください——教わるときは謙虚な気持ちで

上司や先輩に何かを教わりたいときは、「お教えください」でいいでしょうか、それとも「ご教授ください」か、あるいは「ご教示ください」か。

どれも似たようなニュアンスで使われる言葉ですが、特に「ご教授」と「ご教示」は使い分けが難しい言葉で、気をつける必要があります。

まず「教授」は、学問や専門分野の知識を授ける意味で使われるのに対して、「教示」は**具体的なノウハウやスキルを教える場合に使われることが多い**のです。ただ、教える内容がオーバーラップしている場合もあって、絶対的な判断基準があるわけではありません。

そこで、ビジネススクールなどでは、専門的な内容について尋ねたいときや、教育者や目上の方に尊敬を込めてお願いするときには「ご教授ください」を使い、物事の手順や方法、実際的なスキルなどを教えてもらったり、ベテランの方に指導を受けるときには「ご教示ください」を使うように教えているそうです。

しかし、ビジネスの場に限定していうなら、人に教えを乞う場合は「ご教示ください」とするのが良いでしょう。

社内で日常的に使うなら、

「今回導入した防犯システムの使い方をご教示ください」

「本日は新人研修でマナーについてご教示いただき、ありがとうございました」

などと使います。

そのほか、教えを乞う言葉には「ご指南」や「ご指導」もありますが、これらは「ご指南賜りますよう、よろしくお願いいたします」「ご指導ご鞭撻《べんたつ》のほど、よろしくお願いいたします」といった定型文によく使われます。

ビジネスメールでは、ときどき変換ミスから全然意味の違う漢字が登場しますが、同じ発音の「教授」と「享受」も誤変換を起こしやすい言葉でしょう。「享受」は「与えられたものを喜んで受け入れ、楽しむこと」ですから、いかにも場違いです。

こうした間違いは読み返せば必ず見つかりますから、誤用を見逃さないように、しっかりチェックしたいものですね。

胸襟《きょうきん》を開く ——胸の内を打ち明ける

以前、テレビ番組で「ぶっちゃけ、○○」というフレーズが人気を呼んだことがありました。しかし、人間が本音で語り合える機会はそう多くないのかもしれません。

それでも、気の合う人と出会えば、思っていることをすっかり打ち明けることもあるでしょう。そんなときの様子を「胸襟を開く」といいます。

「胸襟」とは、胸中、心の中のことで、それを開くとなると、**隠すことなく思いを打ち明ける**という意味です。

「二人は初対面だったが、会った瞬間から打ちとけあい、胸襟を開いてとことん語り合った」

「今夜は胸襟を開いて語り合おう」

というように、心を開放する喜びが言葉に込められています。

類語としては「胸臆《きょうおく》を開く」があって、胸の内を吐露するという意味です。こちらのほうが使い方の難易度が少し上がります。

やぶさかでない

――否定なのか肯定なのか

「やぶさかでない」あるいは「やぶさかではない」は、実は、平安時代から使われてきた古典的な言葉遣いのひとつです。否定形の語なので使い方は難しいのですが、自然に使えれば評価ポイントの高い言い回しでしょう。

「過ちを認めるにやぶさかでない」「会談に応じるのもやぶさかでない」などと言われると、どう受け止めればいいのか、悩む人もいるかもしれません。

「吝か《やぶさ》」は、物惜しみする、ためらうという意味で、それ自体「気が進まない」とか「気乗りがしない」というマイナスの感情表現です。

それが「吝かではない」とさらに否定形になることで、「反対の反対は賛成」とでもいうように**「やりたくないわけではない」「やってもよい」「ためらうことなくする」「むしろ喜んでする」**といった肯定的表現に変わったのです。

ですから、「吝かでない」は現代風にいえば、「やってあげてもいいわよ」「別にいやじゃないからね」というツンデレ風の表現といえるかもしれません。

推《お》して知るべし
――皮肉が少し混じっている

「先輩、課長に『正月休みを延長してもいいですか?』って聞いたら、『それは推して知るべしだね』と言われたんですが、何を押せばいいんですか?」

新入社員にそう聞かれて苦笑いしている中堅社員がいました。

「推して知るべし」は、少し皮肉な言い方ですから、人生経験の少ない若者にはすぐに飲み込めないかもしれません。

「推測してみればわかるはずだ」という意味で、もっと砕けていえば**「そんなこと、考えればわかるだろう」という皮肉めいた気持ち**も含まれています。ですから、あまり好意的なリアクションとは思えません。

少なくとも目上の人に対して使う言葉ではありませんし、キャリアのない人間が堂々と言うのも考えものです。

また、「推して知るべし」はあくまでも「推しはかればわかる」という意味で、「知っているべきだ」ということではないので、お間違いなく。

居住《いず》まいを正す

――背筋も気持ちもシャンとして

「居住まいを正す」とは「座っている姿勢を正す」とか、「ぴしっと背筋の伸びた美しい座り方をする」という意味です。

ただ、この言葉には単に姿勢を正すだけでなく、**「気持ちを引き締めて、清々《すがすが》しい心でいなさい」という精神的な要素**も盛り込まれています。もともと和服で暮らしていた日本人の生活文化から生まれた言葉ですから、そこに日本ならではの精神論が込められていても不思議ではありません。

第一、「居住まい」そのものが正座という独特な姿勢を元に生まれた言葉なので、裾《すそ》の乱れを正しつつ静かに座るという、所作の美しさにも心配りが必要です。

これと似たことわざに「襟《えり》を正す」がありますが、こちらは所作とは関係なく、気持ちの引き締めに重きを置いたものです。

ともすれば楽な方向に流れがちですが、時には自らのたたずまいを整え、シャキッと気を引き締めるのも大事なことでしょう。

折り紙付き

――第三者の確かな保証がある

「さすがに宮内庁御用達《ごようたし》の和菓子店ですもの、味は折り紙付きよ」

こんな言葉で品物のクオリティーを言い表すことはよくありますが、この場合は「折り紙」が評価を示すシンボルになっているのです。

もちろん、この折り紙は文房具店で売っているようなものではなく、平安時代から使われるようになった折り紙型の小型文書のこと。

それが江戸時代に入って、美術品など高価で貴重なものの鑑定書にも使われるようになり、やがて「折り紙付き」は**良い品の保証書という位置づけ**になりました。

この風習が現在でも続いているのですが、たくさんの形容詞を連ねるより「味は折り紙付きです」といったほうがわかりやすいのは確かです。

これに似たニュアンスの言葉に「お墨《すみ》付き」がありますが、これは「権力や権威のある人が墨で書いた保証書付き」のこと。「これ、美味しいのよ！」の言葉より、折り紙付きやお墨付きをありがたがるのは、日本人の昔からの習性かもしれません。

金字塔《きんじとう》

――ピラミッドから生まれた表現

「イチローは、野球界に金字塔を打ち建てましたね」
「黒澤明監督の作品は、日本映画の金字塔として世界でも評価が高い」

このような言い方を聞いたことがあると思いますが、「金字塔」とは、**永く後世に残るような優れた業績、その分野で最高の業績**を指します。

実は「金字塔」は、ある歴史的建造物を指しています。

日本人が「塔」といってイメージするのは、五重塔のような建造物かもしれませんね。しかし、金字塔は、エジプトの世界遺産でおなじみのピラミッドのことです。

そのスケールの大きさを考えれば、まさに後世に残る偉業なのですが、一見「金の字」とは関係なさそうなピラミッドが、なぜ金字塔と呼ばれるようになったのか。それは、ピラミッドの形が漢字の金の字に似ているからというのです。

世界的大事業であるピラミッドを思い浮かべると、「金字塔」という言葉の響きに、さらにありがたみを感じます。

下馬評《げばひょう》――個人の勝手な当選予想

「今年の紅白歌合戦は、下馬評ではベテラン勢がかなり落選するみたいだね」
「この前の天皇賞で大穴を逃しちゃったよ。まったく下馬評なんてあてにならないものだよ」

こんな会話をよく耳にしますが、「下馬評」とは、**世間で言われている評判や噂のこと**。そもそも「下馬評」は、江戸時代に主人の帰りを待つお供の者が、馬をつなぎ止めておく下馬先で、無責任に交わす噂話のことでした。

たとえば「今度の家老は○○様で決まりだろう」「いや、○○様も殿のお身内だからわからないよ」などと、家来たちが面白半分に大名の出世話などをしていたのが「下馬評」の起源だとか。

その名残か、今でも選挙のたびに持ち出されるのがこの言葉。最近では政界の選挙はもちろんのこと、「ＡＫＢ総選挙の下馬評は……」などとエンターテインメントの世界でも下馬評の話題を見かけるようになりました。

知性がきらりと光る言葉

弾劾《だんがい》・糾察《きゅうさつ》

「弾劾裁判」という言葉がありますが、「弾劾」とは、罪や不正を調べあげて公開し、責任を問うこと。これに対して「糾察」もまた罪状を問いただして明らかにすること。どちらも法の前で真実を明らかにしようという行為ですが、司法の場以外でも「腐敗した旧体制を弾劾する」「社長の不正を我々の手で糾察しよう！」などと使われます。

知見《ちけん》

「知見」とは、実際に見聞きして得た知識のこと。文献やネットで得た知識とは少し性格の違うものです。「知見を広める」「豊かな知見」のように使いますが、知見には「見識」という意味もあって、「知見を異にする」などの言い方もあります。

私淑《ししゅく》

「私淑」は、孟子《もうし》の言葉に由来する語。直接教えを受けたことはないけれど，著作や作品を通じて傾倒し、師と仰ぐこと。ですから、「恩師に私淑している」というように、直接に指導を受けた相手に対して「私淑」を使うのは誤りです。

割愛《かつあい》

会議などで「時間の都合で割愛させていただきます」という発言を聞きますが、「割愛」は「惜しいと思いながらも省略する」という意味で、単に不要なものを削除することではありません。「割愛」は愛着の気持ちを断ち切ることですから、そのニュアンスは大事にしたいものです。

門外漢《もんがいかん》

その道の専門家ではない人や畑違いの人を指して「門外漢」と呼びます。「僕は経理に関しては門外漢だから、他の人に聞いてくれ」などが一般的な使い方で、その道のスキルや知識がないことを表現しています。

端《はし》なくも

「端なくも」は「図らずも」「予想もせず」という意味で、思いがけない様子を表します。「端なくも、わが社の商品がマスコミに取り上げられて」などと使います。

造詣《ぞうけい》

特定の分野についての深い知識や見識のこと。特に学問や芸術などについて詳しいことを「造詣が深い」と形容します。ただ、「造詣が浅い」という言葉はありません。また、造詣を「ぞうし」と読む人がいますが誤りです。

伏魔殿《ふくまでん》

かつて外務大臣を務めた人が、外務省を「伏魔殿」と呼んで話題になりましたが、その字の通り、いかにも恐ろしい響きを持つのが「伏魔殿」です。語源は中国の伝奇小説『水滸伝』に登場する魔物の館で、常に陰謀や悪事が企まれるという場所。「欲望と利権が渦巻く国会なんて、まさに伏魔殿だよ」というつぶやきも、絵空事ではないのかもしれません。

忸怩《じくじ》たる思い

まず「忸怩」をどう読むか、わからない人も少なくないでしょう。また、「じくじ」の読み方はわかったとしても、「忸怩」をサッと書ける人はもっと少ないはず。「忸怩たる思い」という表現でしか使うことのないこのフレーズは、とても文学的で知的な反面、使う場面はごく限られています。

忸怩は「自分自身の言動を恥じること」で「忸怩たる思い」は悔しく情けない気持ちですから、難しい表現の中には、どことなく自虐的な感情が読み取れてしまいます。

閻魔帳《えんまちょう》

もともと閻魔大王が、死者の生前の行為や犯した悪事を書きつけておいたのが「閻魔帳」という帳簿。ここに生前の悪行がたくさん書いてあれば地獄行きになるわけですが、それが転じて、人物を評価するために行動を記録しておく帳面を閻魔帳と呼びます。多く、警察官や教員などのものを指します。

すぐ使えるワンランク上の言葉

✤一頭地《いっとうち》を抜く

学問や技術、才能などが他の人と比べて頭ひとつ抜きん出ているという意味。周りより一段優れていることで、「さすがに先生のお子さんだけあって、小さい頃から一頭地を抜いておられました」などのように使います。

✤気脈《きみゃく》を通じる

ひそかに連絡を取り合って意志を通じ合うこと。血液が通る道筋を意味する「気脈」から転じて、考えや気持ちを通わせるという意味になったのですが、この言葉はちょっと声を潜めて使われることが多いようです。

「主任はライバル社と気脈を通じて新製品の情報を流していたらしい」「あの会社、裏では、ブラック企業と気脈を通じて計画倒産を目論《もくろ》んでいたんだって」など、良からぬ企みが見え隠れするようです。

血路《けつろ》を開く

「総力をあげて血路を開き、V字回復を目指しましょう！」などというシーンをドラマで見かけますが、「血路を開く」は、なりふり構わず困難な事態を切り抜けること。「血路」とは、もともと傷ついた獣が血を流しながら逃げた道。もう後がない状況で、なんとか生き延びようという必死の努力を感じさせる言葉ではありませんか。

細大漏《さいだいも》らさず

音が同じなので、「最大」と書き間違えることが多いのが「細大漏らさず」です。細かいことも大きなことも漏らさずすべて、という意味です。「アンケート結果は細大漏らさず報告するように」のように使います。

腐心《ふしん》

心を痛め悩むという意味であり、心を腐らせるようにふてくされるわけではありません。「売り上げ回復のために日々腐心する」などと表現します。

獅子身中の虫《しししんちゅうのむし》

獅子の体内に寄生しながら、やがては獅子を死に至らせる虫のこと。組織の内部にいながらそれを崩壊させる人間や、恩を仇《あだ》で返す者を指します。仏教に由来する言葉で、文字も読み方も難しいので、知っていれば教養ランクがぐっと上がります。

ご法度《はっと》

「アイドルにとってスキャンダルはご法度」など、今では禁止事項を指すのが「ご法度」。ただ、江戸時代には法律を法度といい、さらに尊んで御法度と呼んでいました。今では「してはいけないこと」の代名詞として通用しているというわけです。

舟《ふね》をこぐ

こっくりこっくりする様子が舟をこぐのに似ているので、居眠りの隠語です。「さっき、居眠りしていたでしょう」ではなく、「さっき、舟をこいでいたでしょう」と、やんわり注意できるのも語彙力があればこそです。

算段《さんだん》

「算段」とは、苦心して「段取り」を考えたり、工夫して良い方法を生み出すこと。金銭を工面《くめん》するのも算段といいます。「従業員にボーナスを出す算段がついた」などという使い方が一般的です。

鈴生《すずな》り

神社で巫女《みこ》さんが舞を奉納するとき、手にしているのが神楽鈴《かぐらすず》です。この鈴がたくさんの実を付けた果実に見えるので、多くの物や大勢の人が一カ所に集まることを「鈴生り」といいます。「今年は庭の柿が鈴生りになった」「見物人が鈴生りになっていた」など、かなり用途のある言葉です。「鈴鳴り」ではないのでご注意を。

気骨《きこつ》

自分の信念を曲げない強い気性のこと。「あの人はおとなしく見えるけど、なかなか気骨のある人だ」のように使います。

日本語の奥深さを感じる言葉

真骨頂《しんこつちょう》

真骨頂とは、そのものが本来持っている真の姿という意味で、「かつてのエースが見せる真骨頂の投球」「この映画で監督は真骨頂を発揮した」など、最高の実力を出し切った作品や演技を評するときによく使われます。「骨頂」は、これ以上ないほどの程度を極めた状態、最上という意味。もちろん披露した演技や技術が高度なら真骨頂でいいのですが、取るに足りない愚作なら「愚の骨頂」と呼ばれることになります。

溜飲《りゅういん》が下がる

胸につまっていたものがとれて、爽やかな気分になるのを「溜飲が下がる」と表現します。「これまでの不満を部長にぶつけたら、一気に溜飲が下がった」といった使い方が一般的です。「溜飲」は、喉元まで上がってくる酸っぱい胃液のことで、これがすっと引っ込んで気分も晴れるというのがこの言葉の意味です。

昵懇《じっこん》

間柄が親しいことや、心安くしている様子。「あの方とは、十数年来、昵懇にしています」のような使い方が一般的です。

饒舌《じょうぜつ》

おしゃべり、口数が多いことですが、「彼は饒舌です」という場合、あまり良い意味にはとれません。しゃべりがうまいことを表すのなら、「饒舌」ではなく「弁が立つ」「雄弁」と表現するほうが良いでしょう。

タカ派《は》　ハト派

一般的に、カタカナで「タカ派」と書きます。話し合いなどの穏やかな方法ではなく、力で問題を解決しようとする立場の人々を指すのが「タカ派」。対義語として用いられるのが「ハト派」で、穏健派を表す語です。

✤耳学問《みみがくもん》

読んで字のごとく、人の話を聞いて知識を得ること。聞きかじり。「彼は耳学問専門だからね」と言われたら、それはちょっとした軽蔑の意味も含まれています。しかし、「私の知識など耳学問ですから」と言えば謙遜になり、控えめな印象を与えられます。

✤敬慕《けいぼ》

尊敬して慕うこと。「温厚で気さくな人柄の社長は、社員のみんなから敬慕されています」のように使います。

✤鬼門《きもん》

不吉な方向。俗に、そこに行くとろくな目にあわない場所。または、苦手な人物や事柄を意味します。もともとは、陰陽道《おんみょうどう》で鬼が出入りするという不吉な方角のこと。

第三章

日常会話に驚くほど深みが出る語彙

碩学《せきがく》 ——大学者を讃《たた》えるなら

「碩学」の「碩」は、もともと「大きい」を表す語です。それが「立派な」「優れている」という意味になったものです。

そこで、碩学とは「学が立派で優れている」という意味になり、大学者を讃える言葉としてよく使われます。

この場合、特定の学問を指すわけではなく、学問を広く深く修めている様子やそういう人物に対して用います。

さらに難しい「碩学大儒《たいじゅ》」という熟語もありますが、「碩学」は大学者のこと、「大儒」は優れた儒者の意ですから、これは抜きん出た才能を評しています。学問の奥義を究めた大学者を絶賛した表現になるのです。

「碩学の誉れ高い先生の講演を拝聴し、深い感銘を覚えております」

「全国の碩学から選び抜いた、この道の第一人者をお招きしました」

など、**高名な学者を讃えるにはぴったりの言葉**です。

上梓《じょうし》——書物を出版すること

「このたび、母が初めての句集を上梓いたしましたので、記念に同封させていただきます。御笑覧いただけましたらありがたく存じます」「定年を機に、これまで書き溜《た》めた紀行文を一冊の本として上梓いたしました。ご一読いただければ嬉しく存じます」などという挨拶とともに書籍が送られてくることがありますが、それがちゃんと印刷したものなら、ほとんどが「上梓した」と書かれているでしょう。

もともと中国では、**梓《あずさ》の木を版木に用いて印刷をしていたことにちなんで**「梓に上《のぼ》す」という表現が生まれ、「上梓」という言葉が定着しました。

日本での印刷は版木に桜の木が使われていましたが、「上梓」という言葉はそのまま使われ、それが今も残っているのです。この故事を知れば、ますます「上梓」の持つ語感が上品で美しく聞こえます。

「上梓」と書くと、教養豊かで知的に感じられますから、機会があればぜひ使ってみたいものです。

鼎立《ていりつ》

――三つ巴《どもえ》の関係を表す

雑誌やテレビ番組で二人が向き合って話すことを対談といいます。では、三人が集まって話し合うことを何というでしょうか。

三人での会談は「鼎談《ていだん》」と呼び、雑誌などでもよく企画されています。

この「鼎」という字が「三」と関係があるのです。「鼎」は三本の足が付いた古代中国の調理器具で、私たちが今使っている五徳の原型とされています。

実力が同じくらいの三国や三人が対立する場合、三者の力関係が大きなポイントになります。鼎立の関係は『三国志演義』の中にもたびたび登場しますが、こうした人間関係は時代を問わず不変のもの。

現代でも「会長と社長、専務の関係はまるで鼎立だな」「業界が発展するためには、鼎立しながらの共存共栄が大切です」といった言い方は時折聞かれます。

ちょっと堅苦しい響きはありますが、覚えておいて損はない言い回しでしょう。

不調法《ぶちょうほう》 下戸《げこ》

――お酒が飲めない人のお助けワード

昔と比べると、最近は飲み会やお酒のおつき合いがかなり減ったようですが、それでも歓送迎会や打ち上げなど、職場の人たちとお酒を飲む機会は少なくありません。

もちろんお酒の好きな人にとって、お酒のおつき合いはいつでも大歓迎でしょうが、「お酒が苦手で、飲み会はパスしたい」「体質的にお酒は合わないから誘わないでほしい」という人もいます。

飲み会に参加すると、こういう人にもお酒がすすめられますが、いつも「私、お酒は飲めないんです」「お酒が苦手なんです」などと断り続けていると、時には酒癖の悪い同僚から「俺の酒は受けられないのか」「お前はつき合いが悪い」と、理不尽な言いがかりをつけられることもあります。

そこで、**「お酒を断るときはこの一言で」というキラーワード**を用意しておければ安心です。

失礼に聞こえず、やんわりと断るのにぴったりの言い回しとしておすすめしたいのは、「不調法」という表現です。

「不調法」とは、行き届かないことやたしなみがないこと。「私は不調法で、お酒はいただけないんです」「あいにく不調法なもので……」と言えば、「自分が至らなくてすみません」という謝罪の気持ちが込められているため、やんわりとお酒を断ることができます。

また、お酒を飲めない人のことを「下戸」といいますが、この古風な言い方を使って、「せっかくですが、私は下戸ですので申し訳ありません」「お恥ずかしいことに、私は下戸なんです」と言えば、「飲めませんから」と言うよりずっとソフトな対応になるでしょう。

お酒を断るときは、「お気持ちだけちょうだいしておきます。ありがとうございます」というように、感謝の気持ちを伝えることも大切です。

飲み会は、コミュニケーションを深める大事な機会でもありますから、その場の雰囲気をこわさない言葉遣いを心がけたいものです。

そのためには、断っても角が立たない「不調法」や「下戸」の表現は、お酒を飲めない人が覚えておきたい、便利なお助けワードといえます。

有り体《てい》に
――相手との親密度も急上昇

「あの件は実際、どうなっているんですか?」と聞かれたとき、本当のところを明かすなら、「率直に言いますと」「実のところは」「正直に申しますと」といった言葉を枕にして、本音の話を続けるのが一般的です。

しかし、じっくり胸の内を明かして話す気があれば、まず「有り体に申しますと」「有り体に言いましして」と前置きして話を始めてみてはどうでしょうか。

「有り体に」は、「あるがまま」「偽りなく」という意味で、**「本来なら人に言えないことをあなたにだけ、正直にお話ししましょう」という含み**があります。そのため、親密さが一気に高まる表現です。

何より、「有り体に申しますと」という言い方には、成熟した大人の分別が感じられて、洗練された雰囲気が伝わってきます。

「あなただからこそお話しします」という信頼感をにじませながら、さらりと大人の会話につなげるテクニックは、ぜひ真似てみたいものです。

胸《むな》突《つ》き八《はっ》丁《ちょう》

——この難所を越えれば

「胸突き八丁」は、富士登山に由来した言葉です。もともとは意味が非常に限定されていました。「胸突き八丁」の「八丁」は、富士山頂上近くの八丁（約八七二メートル）のことで、「胸突き」は、胸を突かれたように息が苦しいことを表しています。まさに富士登山に特化した言葉なのです。

しかし、富士山で使われていた登山用語が、やがて一般にも普及。急斜面を登るつらさを、**物事を成し遂げる過程で一番苦しい正念場**と考えて「胸突き八丁」と呼ぶようになったのです。

「ここが開発の『胸突き八丁』だからな。あともうひと押しだ」

「みんなでこの『胸突き八丁』を乗り越えて、目標達成だ」

このように使えば、連帯感も高まります。

ちょっと古い響きがありますが、かえってそれがいい味わいになっているのも見逃せません。こんな渋い表現も、語彙として覚えておきたいものです。

痛み分け——武士道精神で引き分けに

「このまま争っていても際限がありませんから、ここで痛み分けにしませんか」

このように、停戦を申し出るケースは、ビジネスの世界でもあります。

どちらが勝っても失うものが多い場合には、双方痛み分けにして、恨みっこなしの穏便な決着にしようというのが、大人の判断なのかもしれません。

「痛み分け」は、もともと相撲用語で、**取り組み中に一方が負傷したために勝負を引き分けとすること**。やがて、喧嘩《けんか》や議論などで両方が痛手を負った場合、そのまま結着をつけずに争いを終えることをいうようになったのです。

痛みを分かち合うことで「お互いを立てる」というのは、古くからの武士道精神の表れ。普通のスポーツならルールに従って勝敗が決まりますが、相撲の場合は勝負の中にも武士道的な精神性が生かされているのが特徴です。

何かトラブルにあったとき、これ以上争いを避けたいと思ったら「痛み分けにしませんか」というのも、分別のある大人の解決法です。

にべもない

――「にべ」の正体は魚だった！

「夫を映画に誘ったら『時間がないから無理』ってにべもない返事で、がっかり」

「せっかく東京まで就活に行ったのに、『英検1級、準1級の方のみお残りください』ってにべもなく言われて、心が折れたよ」

など、「にべもない」は若い人でも使える慣用句のひとつです。ただ、この「にべ」が何なのか即答できる人はまれでしょう。

ちなみに「鮸《にべ》」はスズキ目ニベ科の海水魚です。この魚の粘り気が強い浮き袋から作られる「膠《にかわ》」は、接着剤の原料に使われていました。

そのことから、鮸は粘着力の強さを表す代名詞になり、さらに「にべ」は他人との親密さ、愛想を意味するようになったのです。そして、「にべもない」と否定表現にすると、**無愛想なことや思いやりもない様子、そっけないこと**を表します。

「にべもない」態度で人に嫌われるより、適度に愛想いい物腰で人とつき合ったほうが得なのは、今も昔も同じかもしれません。

お為《ため》ごかし——心の裏側を見抜こう

ひと昔前の映画で、芸者姿のきれいなお姐《ねえ》さんが「お為ごかしはやめておくれ。誰があんたの言うことなんか聞くもんか！」と威勢のいいタンカを切るシーンを見たことがあります。こんな言葉を聞くと、ちょっとスカッとした気分になりますね。

ただ、今では「お為ごかし」の意味を知っている人は少ないでしょうし、ましてこの言葉の粋なニュアンスが伝えられる人は、限られるかもしれません。

「お為」は「ため」の尊敬語で、主人や目上の人のために利をはかること。「ごかし」は「……のように見せかける」という意味で、相手をだます策略を意味します。

つまり、「お為ごかし」とは、相手のためになるようなうまいことを言いながら、**実は自分の利益しか考えていない**エゴイスティックな言動のこと。

そういう相手には、「下手なお為ごかしはやめなさい！」と、容赦なくやり込めてやりましょう。

釣瓶《つるべ》落とし

――秋の夕暮れは早いから

「釣瓶落とし」とは、秋の夕暮れに**すぐに沈んでしまう夕日の様子**を言い表した語で、変わりゆく季節の情感が伝わる詩的な一節です。

もう見かける機会もほとんどありませんが、釣瓶は、水を汲《く》むために縄の先につけて、井戸の中におろす木製の桶のこと。

水汲みが毎日の日課だった時代には、こうした生活用具にも思い入れがあったのでしょう。その釣瓶が滑り落ちるようにまっすぐに井戸へ吸い込まれていく光景と、秋の日が一気に暮れる情景を重ね合わせたのかもしれません。

もちろん、この語が使えるのは、晩秋のごく短い一時期だけ。

それだけに、はかない季節感を愛おしく思う日本人の感性も生きていて、実に文学的です。

秋が深まる頃には「もう夕日も釣瓶落としの季節になりましたね」「すっかり釣瓶落としの季節ですね」と、さりげなく挨拶を交わしてみたいものです。

昼《ひる》行《あん》灯《どん》——役立たずの人物がいたとき

「行灯」は昔の照明器具。照明ですから、まっ昼間についていても何の役にも立ちません。それが転じて、「昼行灯」とは無用の長物、**ぼんやりして役に立たない人**という意味です。

大ヒットしたテレビ時代劇『必殺仕事人』では、主人公の中村主水《もんど》は、剣の達人として悪人どもに鉄槌《てっつい》を下すのですが、入り婿で嫁や母に頭が上がらず、奉行所でも叱られてばかり。まさに昼行灯の名にぴったりの役柄でした。

しかし、中村主水以前にも昼行灯を装った策士がいて、歌舞伎や芝居の世界ではとても有名でした。といえばもうおわかりでしょうが、「忠臣蔵」で主君の仇討ちという大きな目的を隠すために無能な昼行灯を演じていた大石内蔵助《くらのすけ》です。

有能な実態を隠して間抜けを装うのは、日本人の大好きな変身パターン。

中身は有能というのが前提なら、「主任、昼行灯の真似はもう通用しませんよ」など、ユーモラスな会話に展開することもできるでしょう。

人身御供《ひとみごくう》

——昔は本当にあった怖い話

「人身御供」は、音読みと訓読みが同居したかなり特殊な読み方です。そのもともとの意味は、いけにえとして人間を神に供えること。

かつて、自然災害や飢饉《ききん》など人間の力ではどうしようもないことに対して、神のご加護を頼むため、人の身を犠牲にしてきた歴史があります。

それが転じて、**特定の個人や組織の利益のために個人を犠牲にすること**を比喩的表現として「人身御供」といいます。

「ひどいよ。店長を人身御供にして事件をもみ消すなんて許せない」

「私が人身御供になってマスコミの餌食《えじき》になろう」

などのように用います。

また、昔は架橋や築城の際、完成を願って、生きている人を水底や地中に埋めたことがあります。これを「人柱《ひとばしら》」というのですが、「人身御供」と同様に、ある目的のために犠牲となった人のことを表します。

懐《かい》柔《じゅう》——したたかな知恵で丸め込む

「懐柔」とは、文字通り相手を慣れ親しませ、気持ちを柔らかくすること。

ただし、単に和らげるだけではなく、十分に懐《なつ》いたところで相手を自分の思う通りに従わせるのが目的です。

「懐柔する」は、手なづける、抱き込む、丸め込むという意味ですから、**悪知恵の働いた怖い言葉**でもあります。

「なんだ。相手を説得しに行ったのに、懐柔されて帰ってきたのか。情けないな」

「あなたみたいな単細胞を懐柔するのは簡単よ。あっという間に丸め込まれるから」

などという言い方はよく聞かれますが、言葉の端々に相手のずる賢さやしたたかさがにじみ出ているのが特徴です。

しかし、「懐柔」も厳しい社会を乗り切るためには必要なテクニックかもしれません。かの豊臣秀吉も、強敵には「正攻法」で挑まずに「接待」で懐柔するのを得意としたそうですから、人心掌握術のひとつとして覚えておきたい言葉です。

野放図《のほうず》

――いい評価ではない

「彼は上司がいないと野放図になりがちだ」と評されたり、読書家が「俺は太宰の野放図な生き方が好きだな」と共感したり、「野放図」はときどき会話にも登場しますが、そこには「道から外れた」「普通じゃない」といったニュアンスが込められています。

そもそも「野放図」の「放図」は「際限」という意味で「野」は野放しのこと。つまり、**だらしなく、いい加減で図々しい**というのが「野放図」で、お世辞にもいい評価とはいえません。

ところが、ワイルド志向の男性にはこの自由さが好まれるようで、「男は少し野放図なくらいがいいんだよ」などと、使われることもあります。しかし一般には、「何も考えず、野放図にお金を使ったものだから、今や無一文だよ」「あんな野放図なやり方では、すぐに会社は倒産するだろう」と、散々な言われ方のほうが、正しい「野放図」の使い方といえるのです。

般《はん》若《にゃ》湯《とう》――お坊さん御用達

「般若湯」と聞いて、「ああ落語に出てくるあれか」と思う人もいるでしょう。

その通りで、「般若湯」とは**お酒をごまかしていう隠語。**「お酒」とハッキリ言うのがはばかられる場所で、責めを受けずに飲むことができるのが般若湯でした。

そもそも仏教には「五戒」という規則があり、殺生や盗みと同じく飲酒も禁じられていました。

ところが仏教が日本に伝わると、日本人は「酒を飲んでも、他の戒律を厳しく守ればいい」と勝手な解釈を展開。お酒を「智恵のわきいずるお湯」という意味の「般若湯」と名付けて、僧たちはありがたくいただいたというわけです。

こうしたいきさつは落語でも面白おかしく語られて、飲酒に対するハードルもますます低くなり、今では「般若湯」もなくなりましたが、その言葉だけは残っています。

「お風呂上がりに般若湯でもどうぞ」「般若湯で景気でもつけていくか」。

そんな言い回しには、粋な江戸風情が感じられて、ふと真似たくなってしまいます。

乳母日傘《おんばひがさ》

——大切に大切に育てられました

「やっぱり乳母日傘で育てられた人に、この仕事は無理じゃないか」

「今度の新人は、乳母日傘で育った割にはなかなか根性があるって評判だよ」

などと、**育ちがいいことを表す**のに使われるのが「乳母日傘」という言葉。

たまに「乳母日傘」を「うばひがさ」という人がいますが、もちろんこれは間違い。

小さい頃から乳母に抱かれ、少しでも日差しが強いと日傘をさしかけられて、過保護に育ったことを表すのが「乳母日傘」で、「おんば」は「御乳母《おうば》」の発音から来ています。

　今や自宅に乳母がいるようなお宅は極めてまれでしょうが、「深窓の令嬢」や「名家のご令息」といった言葉同様、「乳母日傘」も言葉だけがそのまま残っている感じです。

　こんな古風な言葉を知っていて「乳母日傘でお育ちになったんですね」と自然に口にすることができたら、話す人の育ちまで偲《しの》ばれることでしょう。

十八番《おはこ》——大いに盛り上げたいときに

「それじゃラストに十八番をいくからね！」「先輩、そろそろ十八番の曲、歌ってください」といった声が飛び交うカラオケボックス。

ここでは「十八番」の言葉がごく普通に使われていて、少しも古さを感じません。

「十八番」とは、その人が一番得意な芸や自慢の出し物のことで、由来は江戸時代の歌舞伎にまで遡ります。天保年間に全盛を誇っていた七代目市川團十郎が、家に伝わる十八種類の芸を「歌舞伎十八番」にまとめ、発表したところ大ヒット。

この作品が大反響を呼んだことで、それ以来**最も得意とする芸や技のこと**を「十八番」と呼ぶようになったようです。

また「おはこ」という発音については、高価な書画や茶器には真作であることを示す鑑定者の「箱書き」が添えられていたことから、これを「おはこ」と呼んで、本物の証明としたのが始まりだとか。今から二百年近く前の流行語が現代でも変わらず通用しているのですから、ちょっと嬉しい気分になってしまいますね。

虚《こ》仮《け》威《おど》し

——見かけ倒しで終わる

「虚仮威し」は仏教から出た言葉で、「虚仮」は心に虚偽のある様子。

見かけは立派に見えても中身がなく、**見え透いた脅しや威嚇《いかく》しかできないこと**をいいます。

「君の言うことはただの虚仮威しだよ。そんな話は誰も信じないよ」

「そんな虚仮威しにだまされて、金など払うものか」

などのように使います。

また、「よくも俺を虚仮にしたな」の「こけ」も同類で、中身が空っぽで真実味がないことをいいます。

ちなみに、ドラえもんの映画には「こけおどし手投げ弾」という便利な道具が出てきますが、これもハッタリだけの見せかけの武器でした。

よく、弱い人ほど虚勢を張るといいますが、きっと本当の強さは、余計な飾りを捨てたところにあるのでしょう。

第四章

気持ち・イメージが伝わる慣用句とことわざ

虎の尾を踏む

――大きな危険と隣り合わせ

もともとは、「危うきこと虎の尾を踏むがごとし」という表現ですが、略して「虎の尾を踏む」という使い方をします。

虎といえば恐ろしく獰猛《どうもう》な肉食動物。その虎の尾を踏むわけですから、危ないことこの上ない、とても危険なことをする、**失敗したら身を亡ぼすような非常に危険な行い**をする、というたとえです。言葉をそのままイメージしてみると、意味がよくわかるでしょう。

「社長に楯突くなど、虎の尾を踏むようなものだ」

「虎の尾を踏むような思いで、勝負に出た」

などのように表現します。

さらに意味を強めた表現に、「竜の髭《ひげ》を撫《な》で虎の尾を踏む」という言い方もあります。

また、別の表現で似た意味を持つ語に、「虎の口へ手を入れる」「剃刀《かみそり》の刃を渡る」という言い方もあります。

前車《ぜんしゃ》の轍《てつ》を踏む
――失敗は繰り返すもの

一般的には、略して「轍を踏む」と言うことが多いようですが、その意味は、**前の人の失敗を繰り返すこと**です。

「轍」とは、車が通った後に残る車輪のあと、わだちのこと。傾倒した前の車のわだちを通って、同じように転んでしまう様子を表しています。

「前任者の轍を踏まぬよう、慎重に仕事をする」
「轍を踏まないように、あれほど注意したのに」
のように使います。

「轍を踏む」の類語に「二の舞」があります。こちらには前の人と同じ過ちを繰り返すという意味と、前の人の真似をするという意味があります。

たまに、「二の舞を踏む」と言う人がいますが、これは、物事の実行をためらう「二の足を踏む」と混同していると考えられます。「二の舞を演じる」という言い方は正しくても、「二の舞を踏む」という言い方はありません。

三味線《しゃみせん》を弾く

——適当にごまかすときに

言葉の持つイメージは明るく楽しそうですが、実は、**相手を惑わすような言動をとる、相手に合わせて適当に応対する**といった意味があります。

たとえば、秘密にしておきたいことがあり、相手に腹を探られそうになったときに、「そらとぼけて三味線を弾く」といえば、事実でないことを話してごまかすといったニュアンスになります。

また、自分の利益のために事実とまるで反対のことを言ったり、また相手にそう思わせるような言動をすることも、三味線を弾くと表現します。

たとえば、トランプのババ抜きです。「僕はババなんて持ってないから安心して」と言われて引いたのに、実際はジョーカーだったとき、「なんだよ、三味線を弾きやがって」といった使い方もできます。

また、「口三味線にのせる」という言葉があり、こちらは、口で三味線の真似をすることから、相手を丸め込むように言う、言いくるめてだますという意味があります。

御《み》輿《こし》を上げる

——やっと着手する

居酒屋で、他の客はみんな帰ったのに、いつまでもチビリチビリと一人飲み続ける客がいます。従業員は閉店にしたいので、内心「早く帰ってくれればいいのに」と思っていましたが、なかなか帰る気配もなく、結局会計を申し出たのは閉店三分前。従業員は思わず、「やっと御輿を上げたか……」とつぶやきました。

御輿を上げるとは、**座っていた人が腰を上げることや、なかなか始めなかった人がようやく事にとりかかる様子**を表した語です。

「遊んでばかりの息子が、さすがに受験間近になって御輿を上げた」

「話のネタも尽きてきたので、御輿を上げた」

などと使います。

もともとは、祭りの際に御輿を担ぎ上げるという意味で、「みこし」の「輿」と、体の「腰」をかけています。また、どっかり座り込んで動かない様子を「御輿を据える」といいます。

板につく

——ぎこちなさがなくなる

「スーツ姿が板についてきたね」
「一年たって、やっと部長職が板についてきた」
このように、板につくとは、態度や物腰がその地位や仕事にふさわしくなる、**それらしくなる様子**を表す語です。また、服装などがぴったりとしてよく似合っている場合にも使います。

では、板につくの「板」とは、何を表しているのでしょうか。

ここでいう「板」は板張りの舞台で、「つく」とはそれに見合うということです。場数や経験を積んだ役者は、芸が舞台とうまく調和し、ぎこちなさがなくなります。もともとは、その様子を表す語なのです。

また、「板」を使った「板挟み」という慣用句がありますが、こちらは、二者の間に入って、どちらの味方もできず思い悩むという意味です。
「義理と人情の板挟みになる」のように用います。

鬼籍《きせき》に入《い》る

――死の婉曲的な表現

日本では昔から、言葉には不思議な力が宿ると信じられてきました。言霊《ことだま》という考え方で、良い言葉を使えば良いことが、悪い言葉を使えば悪いことが起きると信じられてきたのです。

ここでいう悪い言葉というのは、品格に欠ける言葉という意味ではなく、縁起が悪いことを指します。

人間にとって最も縁起が悪いといえば「死」でしょう。そのため、人の死についてては「死ぬ」というストレートな表現はしないのが一般的です。

たとえ、身内の死に際しても、「祖母が死にました」とは言わず、婉曲表現の「祖母が亡くなりました」を使いますね。

「死」については「亡くなる」の他にもさまざまな婉曲表現や言い換えがあります。「鬼籍に入る」というのもそのひとつ。

「鬼籍」とは過去帳のことで、過去帳とは死者の名前や戒名《かいみょう》、亡くなった日付や年齢などを記載し、寺や各家庭の仏壇などに置かれる帳簿のことです。

その帳簿に名前が入るというのは、死者の仲間入りをすること、つまり、死んだという意味になります。

「同級生はみな鬼籍に入ってしまった」

「先生が鬼籍に入ったのは、もう十年以上も前のことです」

のように使います。

私たちは**必ず周囲の誰かの死に遭遇しますから、さまざまな婉曲表現を覚えておくと便利**です。

永眠する、他界する、往生する、世を去る、死出の旅に出る、帰らぬ人となる、骨になる、土になる、仏になる、没する、不帰《ふき》の客となる、亡《な》き数に入る、息を引き取る、あの世に行く、逝去《せいきょ》など、本当に多くの言い換えがあります。

また、偉大な人物が亡くなったときには、「巨星墜《お》つ」、高貴な身分の方が亡くなった際には「お隠れになる」という言い方もあります。

さらに亡くなった直後では、「冷たくなる」と言い表すこともあり、「死」に関する言葉は、改めて日本語の語彙の豊かさを感じさせてくれるのではないでしょうか。

病《やまい》膏《こう》肓《こう》に入《い》る

——抜け出せないほど熱中する

アイドルグループが大好きな人がいます。はじめのうちはＣＤを買って歌を聴いて楽しんでいたのですが、一度ライブを見に行ったところ、熱狂的なステージのとりことなり、今では仕事を休んで全国ツアーについていくほどです。

その姿は、趣味の域を超え、生活のすべてがアイドルグループ中心に回っているといっても過言ではありません。

このように、**癖や趣味に熱中し、それが病的にまで高まってしまうこと**を、「病膏肓に入る」といいます。

もともとは、治療の施しようがないほど病気が重くなる、という意味なのですが、現在では転じて、熱中する何かから抜け出せなくなるたとえとして使われています。「やまいこうもうにはいる」と読む人がいますが、正しくは「やまいこうこうにいる」です。

「膏肓」の「膏」は心臓の下の部分で、「肓」は横隔膜の上部を指します。

その語源は、中国の『春秋左氏伝』にある故事です。晋《しん》の君主・景公が病気になったときに、名医の診察を受けようと依頼しました。ところが、医師が到着する前に、景公は不思議な夢を見たのです。

それは、病気の精が二人の童子の姿となり、「膏と肓に隠れていれば、どんな名医であっても見つけることはできないね」と相談している夢です。

そして、景公を診た医者は、夢で童子たちが言っていた通り、「病気が膏と肓にあるので、薬も針も届かず、手の施しようがありません」と断じたのです。景公は治療のかいなく、この世を去っていきました。

「はじめはつき合いのつもりで始めた将棋だったが、今ではすっかり病膏肓に入ってしまった」

「祖父は病膏肓に入った骨董品の収集家です」

などのように使います。

自分の没頭している趣味について「病膏肓に入る」を使えば、自嘲気味なニュアンスになり、「自分でも困ったものだと思っているんですよ」という気持ちが聞き手に伝わるでしょう。

糊《こ》口《こう》をしのぐ

――その日暮らしのたとえ

勤め先の倒産で職を失い、職探しのためにハローワークに通う毎日。そんなとき、友人が「生活は大丈夫なの？」と聞いたところ、「失業保険で糊口をしのいでるよ」と答えが返ってきたそうです。

「糊口を凌《しの》ぐ」と書くのですが、**やっと食べていけるような貧しい生活**のたとえ。糊口の「糊」とは、接着剤ののりではなく、おかゆを意味します。

水を多くしてお米などを煮るおかゆは、普通のご飯よりかさが増えるので、少ないお米で空腹をごまかせます。おかゆを食べてその日その日をしのぐ様子から、糊口をしのぐという言葉が生まれました。

内容が内容だけに、「糊口をしのいでいるの？」などと他人に聞く場合には使われず、どちらかといえば謙遜の意味を込めて、

「親からの仕送りを切られたから、バイトで糊口をしのいでいる」

「貯金も底を突いたので、糊口をしのぐ手段を考えなくちゃいけない」

などのように使います。

貧しい生活のたとえとして使われる「糊口をしのぐ」ですが、この他にも、貧乏を違う言葉でたとえたものがあります。

それが、「赤貧《せきひん》洗うがごとし」。赤という色は、赤っ恥や赤裸々《せきらら》、真っ赤な嘘など、何かを強調する際に使われます。つまり赤貧はひどく貧しい様子を表しているのですが、それをさらに洗い流すわけですから、何ひとつ物がないような貧乏の表現として用いられます。

「事業が失敗して、赤貧洗うがごとしの生活です」

などと使います。

また、貧乏とは少し違いますが、極度な倹約に「爪《つめ》に火をともす」という慣用句があります。これは、ろうそくや油の代わりに爪に火をともす様子から、ぎりぎりまで家計を切り詰めるたとえとして使われます。

「爪に火をともすような暮らしぶりだ」

「爪に火をともすような生活を続けたおかげで、やっと自分の店を持てた」

などと使います。

鼻薬《はなぐすり》を嗅《か》がせる
――ちょっとしたワイロを贈る

鼻の薬といえば、花粉症対策や鼻の通りを良くするための点鼻薬を思い浮かべる人が多いかもしれませんね。しかし、ここでいう鼻薬は、本物の薬ではなく、贈り物や心づけのことです。

そして、「鼻薬を嗅がせる」あるいは「鼻薬をきかせる」とは、**ちょっとしたワイロを贈るという意味**なのです。ですから、

「あの契約は何が何でも、わが社に決めてもらわなければ困る」

「大丈夫です、部長。関係者には鼻薬を嗅がせてありますから」

という会話なら、「ちゃんとワイロを渡してあります」という意味になるわけです。

では、なぜ鼻薬がワイロの隠語になるのでしょうか。

実は、鼻薬には贈り物や心づけといった意味の他に、子どもをなだめるためのお菓子の意味があります。

グスングスンと鼻をすりながら泣いている子どもでも、お菓子をもらうとケロリ

と機嫌が直る様子から、その効き目を薬にたとえたのです。

子どものご機嫌をとるのが「お菓子」なら、大人のご機嫌をとるのは「お金」や「贈り物」。そこから、「鼻薬を嗅がせる」という言葉が生まれたわけです。もともとは、お菓子からの言葉なので、ワイロといっても少額なのが特徴です。

また、ワイロを贈るという意味の別の言い方に、「袖《そで》の下」があります。

時代劇を思い浮かべるとわかりやすいと思いますが、人目についてはいけない金を渡す際には、あたりを見回しながら、袖の下からそっと相手に手渡しますね。その様子から、「袖の下」という言葉が生まれたのでした。

「きっと袖の下をもらったに違いない」

「袖の下を渡されて、ちゃっかり寝返った」

などと用います。

また、ワイロとして渡される金を「山吹色（のお菓子）」と表現することもあります。

これも時代劇でおなじみのシーンですが、「お口に合うと良いのですが」と渡した菓子箱のふたを取ると、そこには小判がぎっしり……。大判・小判などの金貨を山吹色という隠語にしたわけです。

半畳《はんじょう》を入れる——芝居小屋のござが由来

人が真剣な話をしているのに、**脇からくだらない冗談を言って茶化したり、まぜかえすこと**を、「半畳を入れる」と表現します。

語源は昔の芝居小屋。当時の芝居小屋は観客席が土間にあったので、客は入場料代わりに半畳のござを買いました。そして、役者の芝居がつまらなかったり下手だったりすると、観客は尻に敷いていた半畳のござを舞台に向かって投げたのです。その様子から、半畳を入れるという言葉が生まれたのでした。

「友達の相談に半畳を入れる」
「親の説教に半畳を入れるんじゃない」

のように使います。

また、相手の話を茶化したり水を差すたとえに、「茶々《ちゃちゃ》を入れる」という言葉があります。たまに、「ちゃちゃを入れる」という人がいますが、「ちゃち」は安っぽい、粗末で貧弱という意味の語。人の話を邪魔するたとえには使えません。

酸鼻《さんび》を極める

――災害現場などの痛ましい様子

ニュース番組で、テロや戦争、大災害の現場などを中継している際に、「現場は酸鼻を極め……」というようなセリフを聞いたことはないでしょうか。

酸鼻を極めるとは、**目をそむけたくなるほどむごたらしい状態**のことです。「多くのけが人が血を流し、うめき声をあげる現場は、酸鼻を極めています」のように使うわけです。

酸鼻とは、鼻に痛みを感じ涙が出ることから、ひどく心を痛めること、また、いたたまれないさまを表します。さらに「極める」が付くことで、その意味が強調されているのです。

酸鼻を極めると同様に、非常にむごたらしい様子を表す四字熟語としては「阿鼻《あび》叫喚《きょうかん》」があります。こちらは、仏教の阿鼻地獄（八大地獄の中で最悪の地獄）に落ちた亡者たちが、地獄の責め苦に耐え切れず泣き叫ぶさまを表しています。どちらの言葉もできれば使いたくない表現ですね。

人間万事塞翁《さいおう》が馬

――不幸な出来事が幸せの種に

「人間万事塞翁が馬」とは、人の幸せや不幸せは常に変転し、予想もできないこと。それが転じて、**今は不幸に感じていても、それがいつ幸せに転じるかわからない**、という意味に使われるようになりました。

その語源は中国にあります。昔々、占いがうまい一人の老人がいました。ある日のこと、その老人が大切にしていた馬が逃げてどこかに行ってしまったので、周りの人たちは「お気の毒に」と不幸に同情し、励ましの言葉をかけました。

ところが老人は、「いえいえ、これがどうして幸いに転じないことがありましょうか」と、悲しそうではありません。そうして数カ月たったある日、逃げた馬が戻ってきたのです。それも、老人の占いの通り、名馬を連れて戻ってきたのですから、周囲の人たちは、「あの話は本当だ、不幸が幸せに転じた」とお祝いに訪れました。

ところが老人は表情を曇らせ、「いえいえ、これがどうして災いに転じないことがありましょうか」と言うのです。しばらくすると、乗馬が好きな老人の息子が落馬して足の骨を折ってしまいました。周りの人たちは「なるほど、災いに転じた」と気の毒がりましたが、老人は嬉しそうな顔で、「いえいえ、これがどうして幸いに転じないことがありましょうか」と言うではありませんか。

その後、老人の国で戦争が起きました。若い男たちは兵士として徴集《ちょうしゅう》され、ほとんどが戦死したのです。ところが、馬から落ちて足が不自由になっていた老人の息子は戦争に行かず、おかげで命拾いできたのです。

「人間万事」は、この世の中のすべてを表し、「塞翁が馬」は、塞という場所に住んでいた翁の馬のこと。つまり、「世の中のすべてのことは、塞翁の馬のように禍福の予想がつかないものだ」というたとえです。略して「塞翁が馬」ということもあります。

トラブルや失敗続きの人に、どんな励ましの言葉をかけていいかわからないとき、この言葉を知っていると便利かもしれませんね。

また、励ましの言葉には、他にもさまざまなものがあります。

・災い転じて福となす（身に降りかかった不幸をうまく活用し、自分に役立てる）

・沈む瀬あれば浮かぶ瀬あり（人生は浮き沈みが一定しない。悪い事ばかりは続かない）

このような表現を覚えておくと、会話に深みが出るでしょう。

頭が動けば尾も動く

——上に立つ者が率先して

部下を上手に使うには、上司が自ら動いて見せること、つまり、部下に行動で示すことが重要ではないでしょうか。

「頭が動けば尾も動く」という言葉は、上に立つ者が先頭に立って行動すれば、それに従って下の者も行動するという意味で、上司と部下、先輩と後輩といった間柄など、**下の者を上手に使う心得の言葉**として古くから使われてきたフレーズです。

「頭が動けば尾も動くというように、音頭を取るだけじゃなく、まず上役が動かなければ始まらないぞ」

などのように使います。

実は、上に立つ者を頭に、下の者を尾にたとえる言葉は日本以外にもあります。ヨーロッパ全域、中央アジア、中東で、「魚は頭から臭くなる」という言葉が使われるのですが、これは、社会の腐敗は上層部、支配層から進行するという意味です。

渇《かつ》して井《い》を穿《うが》つ

――手遅れであるたとえ

「渇して井を穿つ」とは、喉が渇いてどうしようもなくなってから井戸を掘る様子を表した表現です。水を飲むために、井戸掘りから始めようというのですから、なんとも悠長な話というわけで、**起こった事態への対処が遅いというたとえ**です。

実は、「渇して井を穿つ」と同様に、手遅れであるとか、タイミングを失うといった意味の言葉は他にも数多くあります。

「戦《いくさ》を見て矢を矧《は》ぐ」は、敵勢を見てから、あわてて竹に羽根をつけて矢を作るという意味。「泥棒を捕えて縄をなう」は、泥棒を捕えてから、泥棒を縛るための縄をなうという意味です。略して「泥縄《どろなわ》」という言葉もよく使われます。

また、「はまった後で井戸のふたをする」「火事後の火の用心」といった表現もあります。いずれにしても、事が始まってからあわてて対策をたてる様子を思い浮かべると、思わず吹き出しそうになりますね。

肝《きも》に銘じる

――反省の気持ちを重く表す

「私、失敗しないので！」と、自信満々に言い放つ主人公のドラマが人気を集めていましたが、残念ながら、間違いは誰にでも起こるものです。

もちろん、好きでミスをする人はいませんが、問題はそれをどうリカバーするかです。学生時代なら「ごめんなさい」「今後は気をつけます」と謝ればすむかもしれませんが、責任ある仕事を任された社会人としては軽すぎます。

ビジネスの世界ではきちんと謝罪をするのも仕事のうちで、ミスを犯したらただちに詫びるのがマナー。もちろん、言い訳めいたことを並べてはいけません。

反省の思いを伝えるのに軽すぎず、最も誠実に感じられるのは「肝に銘じる」という言葉でしょう。

その意味は、「心に深く刻みつけて、決して忘れないこと。強く心に留めておくこと」で、**謝罪の思いを強く印象づけます**。

「肝に銘じます」は、目上の人や上司に詫びるときの定番フレーズとしてぜひ覚えておきたい一文で、口にしても文章にしても使えます。

ミスの後なら、

「二度とこのようなことがないよう肝に銘じます」

「猛省して、二度とご迷惑をかけぬよう肝に銘じます」

という言い方になります。また注意を受けた場合は、

「ご忠告いただきありがとうございます。肝に銘じておきます」

というように、シチュエーションに応じて使い分けるといいでしょう。

ときどき、文章の中で「肝に命じます」と書く人がいますが、これは誤字で「銘じます」が正解です。心に深く刻みつけて忘れないことを「肝に銘じる」と表現します。

また、「決して忘れません」という意味で「銘記《めいき》させていただきます」という言い方もあり、こういう言葉がスッと出るようならかなりの語彙マスターといえそうです。

「社長の言われたことをしっかり肝に銘じておくように」と、上司から訓示を受けることもありますが、これは上から下へというルールに従ったもの。部下がこの文言を使うのは、反省の言葉の中だけでしょう。

かた文庫

週に一度、
本屋さんに行く人は
必ず何かできる人

三笠書房

昔取った杵柄《きねづか》
――かつて身につけた得意技

誰にも、それぞれ得意なものがありますね。たとえば、職場の飲み会でカラオケボックスに流れたとき、いつもはおとなしい人が驚くような美声を披露する、といったケースもあるでしょう。

よくよく話を聞いてみると、高校時代は合唱部に所属し、一時は大学の声楽科を目指そうとしていたという話に驚かされたりします。

そんなときは意外性も手伝って、「すごいすごい」「こんな才能があるなんて知らなかった！」などとはやし立てられますが、当の本人はどんなリアクションをとっていいか困ってしまいますね。

「別に大したことありませんよ」と言えば、すました嫌なやつだと思われそうですし、「はい、歌には自信があるんです」と言い切ってしまえば、自信過剰に見えてしまいます。

こんなときは、「昔取った杵柄」というフレーズが便利ではないでしょうか。

昔取った杵柄とは、**以前に鍛えて、まだ衰えずに身についている技能や腕前**のこと。

「合唱部ではずいぶんしごかれましたから、昔取った杵柄ですよ」

「音大を目指して、必死で勉強したこともありました。昔取った杵柄ってやつです」

のように話せば、「私は過去に経験があるので、このくらい歌えるのですよ」という意味になり、自信過剰でも、過ぎた謙遜でもなく、ちょうどよい塩梅《あんばい》の受け答えになるのです。

では、杵柄とは何か。餅をつく道具の柄の部分です。

昔はどこの家でも、正月を迎えるために餅つきをしました。そして、杵を握るのは一家の主《あるじ》でした。

主が年をとって隠居になったとしても、ひとたび杵を手にすれば若い頃に培ったカンを取り戻し、その腕前を発揮できます。そのことから、かつて身につけた自信のある技術という意味になりました。

しかし、何かをする前に「昔取った杵柄で、自信があるんです。見ててください」などと宣言して失敗したら目も当てられませんので、ご注意ください。

間違いやすい慣用句・ことわざ

×一同に会する➡○一堂に会する
同じ場所に集まること。一堂は同じ場所、一同は居合わせた者全員という意味なので、「一同」を使うのは誤り。

×的を得る➡○的を射《い》る
的確に要点をとらえること。的は当てるもので、得るものではない。「的を得る」という言い方は間違いです。

×新規巻き直し➡○新規蒔《ま》き直し
物事を最初に戻ってもう一度新しくやり直すこと。テープを巻き戻すイメージから、「巻き直し」と書き間違う人が多いのですが、蒔いた種が芽吹かないので蒔き直すことから、「種蒔き」の「蒔き直し」を使うのが正解です。

×暇にまかせて⇩○暇に飽《あ》かせて

暇があるのをいいことに、たっぷり時間をかけて物事をすること。「飽かす」は、満足するまで十分に使うという意味なので、「まかせて」は間違いになります。

×白羽の矢が当たる⇩○白羽の矢が立つ

人を神様のいけにえにするのが人身御供。「人身御供に選ばれた娘の家の屋根に、白い矢を立てた」という俗説から、大勢の中から何かの候補として第一に選び出されることを、「白羽の矢が立つ」と表現します。矢＝当たるというイメージがあり、間違いやすいのですが、「矢が当たる」は誤りです。

×濡れ手で泡⇩○濡れ手で粟《あわ》

濡れた手で粟（穀物の一種）をつかむと、たくさんくっつく様子から、苦労せずに多くの利益を上げるというたとえ。濡れた手で石けんを泡立てるというイメージで、「濡れ手で泡」という勘違いが多いようです。

×熱にうなされる⬇○熱に浮かされる

発熱のために、うわごとなどを言うこと。「浮かされる」は、意識が正常でなくなる様子を表し、「うなされる」は悪い夢などを見て、思わず苦しげな声を出すこと。うなされると浮かされるは発音が似ているので、間違えないように注意しましょう。

×優秀の美を飾る⬇○有終の美を飾る

最後までやり通して立派な成果を上げること。「有終」は、最後を全うするという意味。優れているという意味の「優秀」を使うのは間違いです。

×押しも押されぬ⬇○押しも押されもせぬ

実力があって堂々としている。ゆるぎない様子という意味です。

×実もふたもない⬇○身もふたもない

露骨すぎて情緒がないこと。ここでいう「身」とは中身。

×采配《さいはい》を振るう➡○采配を振る

「采配」は、紙を細く切ったふさを木や竹につけたものです。神事で使われるほか、戦場で大将が持ち、兵士を指揮するために使われました。采配は振って使うものなので、「振るう」は誤り。

×足下をすくわれる➡○足をすくわれる

すきをつかれ、卑怯なやり方で失敗させられることがあります。「すくう」とは、足下から上へさっと持ち上げるという意味の語です。足はすくうことができても、足下の地面はすくえないので、「足下をすくわれる」は間違いです。

×口先三寸➡○舌先三寸

口先だけの巧みな弁舌のこと。「舌先」には言葉や口先という意味があるので、「舌先三寸」という言い方が正しいのです。

「舌先三寸で言いくるめる」のように使います。

行動を表す慣用句・ことわざ

果報《かほう》は寝て待て

幸運は人の力で呼び寄せられないので、あせらずに自然に時期が来るのを待つべきだという。「果報」を「家宝」と書き間違わないようにしましょう。

木に竹を接《つ》いだよう

材質が異なる木と竹を接いだところで違和感があります。その様子から、前後の筋道が通らないこと、調和のとれない組み合わせを意味します。

庇《ひさし》を貸して母屋《おもや》を取られる

「恩を仇で返す」と同義で、好意で一部を貸したところにつけこまれ、結果としてすべて取られてしまうこと。「軒《のき》を貸して母屋を取られる」とも言います。

✤甘い汁を吸う

上手に人を利用し、自分は苦労をせずに利益を得ること。

✤匙《さじ》を投げる

打つ手がなくあきらめる。ここでいう「匙」とは、食事用のものではなく、薬を調合するために使われた匙です。病状が悪く手の施しようがないと、医者が匙を投げてしまうという意味から生まれたのです。

✤語るに落ちる

質問されても答えなかった人が、おしゃべりをしているうちに、ついうっかり本当のことを言ってしまうこと。

✤苦杯《くはい》をなめる

思い通りに物事が進まず、つらく苦しい思いをする。「苦杯」とは、苦い酒を入れた杯という意味。「苦杯を喫する」とも言います。

ワンランク上の慣用句・ことわざ

後塵《こうじん》を拝する

「後塵」とは、車が通り過ぎた後に舞い上がる土ぼこり。それを慎んで受けるので、他人に後れをとること。身分の高い人や勢いのある人に従うこと。「同期入社の後塵を拝することになってしまった」などのように使います。

側杖《そばづえ》を食う

喧嘩している人の近くにいて、間違って杖で打たれることから、自分には直接かかわりがないのに、思いがけない災難を受けること。とばっちり。

死者に鞭《むち》打つ

亡くなった人の悪口を言う。「死者に鞭打つような話はやめなさい」のように表現します。

耳朶《じだ》に触れる

「耳朶」とは耳たぶ。それに触れることから、何かのきっかけで偶然にその話を聞くこと。「耳朶に触れたあれこれを、エッセイにしてみた」のように使います。

袂《たもと》を分かつ

それまで行動を共にしていた人と別れること。「袂」という字には、傍ら、側という意味があり、それを分かつことから、親密な関係を絶つという意味になります。

眠れる獅子《しし》

本当は実力があるのに、自覚できずに十分に力を出し切っていない人物や国。「今は眠れる獅子だが、大成する資質を持っている」などのように使います。

汗顔《かんがん》の至り

顔に汗をかくほど恥ずかしい思いをすること。「知らなかったとはいえ、大変失礼をいたしました。まったく汗顔の至りです」のように表現します。

末席《まっせき》を汚《けが》す

ある集まりに加わったり、会合に出席したりすることを、へりくだっていう語。「名誉あるこの会の末席を汚すことができ、光栄に存じます」のように使います。

泣いて馬謖《ばしょく》を斬る

惜しい人物であっても、違反があったときには全体の統制を保つために厳しい処分をすること。語源は『三国志』で、蜀《しょく》の諸葛孔明が、腹心だった部下の馬謖が命に背いて大敗を喫したとき、泣きながら斬ったという故事から生まれたものです。

馬《ば》脚《きゃく》を露《あら》わす

芝居の中で、馬の足を演じている役者が姿を見せてしまうことから、人前で取り繕《つくろ》ってすましていても、実力のほどや素性がわかってしまうこと。類語には、「化けの皮がはがれる」「尻尾《しっぽ》を出す」「尻が割れる（悪だくみが露見する）」などがあります。

木で鼻をくくる

非常に無愛想に接すること。もともとは「木で鼻をこくる」だったものが、「くくる」に変化しました。「こくる」はこするという意味。「木で鼻をくくったような挨拶に腹が立った」のように話します。

顰《ひそみ》に倣《なら》う

「顰」とは、眉のあたりにしわを寄せるという意味。昔、中国の美女が病気で苦しんで顔をしかめている様子が美しいと評判になり、女たちが真似をしたという故事から、善悪の見境もなくただ人真似をするという意味になります。また、人の真似をすることを謙遜していう場合にも使います。

判官《ほうがん》びいき

弱い立場にある者や負けた人に同情して味方しようとする、第三者の気持ち。兄の頼朝と対立した悲運の英雄、九郎判官・源義経が民衆から同情を集めたことから生まれた言葉です。

知性を感じさせる慣用句・ことわざ

累卵《るいらん》の危うき

「累卵」とは積み重ねた卵。その様子から、とても不安定で危険な状態を表します。類語に、「蜘蛛《くも》の巣で石を吊る」「薄氷を履《ふ》むがごとし」「氷に座す」などがあります。

人後《じんご》に落ちない

ある物事に関しては誰にも負けない自信や実績があること。「洋画に詳しい点では、私も人後に落ちないつもりだ」のように使います。

大事《だいじ》の前の小事《しょうじ》

大きなことを成し遂げようとする場合、小さな犠牲はやむを得ないという考え。また、大事なことをする前には小さなこともおろそかにしてはいけない、という意味でも使われます。

✤寝首を掻《か》く

眠っているところを襲って首を斬る意味から、相手が油断したすきに致命的な打撃を与えること。「あんな人を信用すると、今に寝首を掻かれるよ」のように話します。

✤抹香臭《まっこうくさ》い

「抹香」は、仏事に用いるお香。話が堅苦しくて説教じみているというたとえ。「そんな抹香臭い話は聞きたくない」のように表現します。

✤極印《ごくいん》を打つ

「極印」とは、金貨や銀貨に押された偽造防止の印。転じて、良くない評価を、そうであると決めつけること。「決断を誤ったことで、無能の極印を打たれた」のように使います。「刻印《こくいん》」も同意味です。

✤猫に鰹節《かつおぶし》

好物を近くに置いておくと安心できないこと。猫の近くに好物の鰹節を置けば食べられてしまうからです。

✤二の句が継げない

相手の言葉にあきれかえってしまったり、あるいは気後れして、次の言葉が出てこない様子。

✤三日見ぬ間の桜

桜の花はあっという間に散ってしまいます。その様子から、世の中の移り変わりの激しいたとえ。

✤碁で負けたら将棋で勝て

ひとつのことで負けても、別のことで勝てばいいという教え。「碁で負けたら将棋で勝てっていうじゃないか。そんなに落ち込むなよ」のように使います。

❖言葉は身の文《あや》

言葉はその人の生い立ちや環境を反映します。その人の言葉を耳にしただけで、人となりがわかるので、言葉はその人の品性や人柄を表すという意味です。

第五章

うっかり間違えると恥をかく語彙

取りつく島もない

――「ひま」か「しま」かで大違い

「わざわざ遠くから訪ねていったのに、忙しいから帰ってくれの一点張り。ほんと、取りつく暇もないんだから」

「取りつく暇もないほど、事務的な対応をされた」

こんなふうに、相手につっけんどんにされ、話を進めるきっかけが見つからないときや、頼れるところもなくどうしようもないときに、「取りつく暇もない」と表現する人がいます。しかし、この言い方は間違っています。

正しくは「取りつく島もない」です。

想像してみてください。船で海に出てはみたものの、たどり着くべき島がない、上陸できる島がなければ困ってしまいますね。そんな**困った様子をたとえた**のが、「取りつく島もない」です。

島と暇は音が似ているので、間違える人がとても多いようです。どちらか迷ったときは、海と船を思い浮かべましょう。

幸《さい》先《さき》が良い　――悪いことにも使える？

「新装開店初日にお客がたった二組だけなんて、幸先が悪い」

「開店初日が晴天なんて、幸先が良い」

　さて、二つの例文で正しい「幸先」の使い方はどちらかわかりますか。正解は後者の「幸先が良い」のほうです。

　なぜなら、「幸先」とは、何か事を始める最初に、それが**うまくいきそうな予感を与える出来事や、きざし**を指していう語です。

　となると、前者の「幸先が悪い」という言い方では、「うまくいきそうな予感が悪い」ということになって意味が通じません。

　この場合であれば、

「新装開店初日にお客がたった二組だけなんて、先行きが不安だな」

「新装開店初日にお客がたった二組だけなんて、先が思いやられるな」

などのように言い換えるべきです。

ゲキを飛ばす

——やる気のない部下にカツを入れる？

「彼女は今月、遅刻ばっかりじゃないか。ちょっとたるんでないか」

「そうなんですよ、課長。ここはひとつ彼女にゲキを飛ばしてください」

「よし、わかった！」

この会話のように、「ゲキを飛ばす」という語を、「元気のない者に刺激を与えて元気づける」「激励する」といった意味で使っていませんか。実は、この使い方は本来の言葉の意味とは違っています。

「ゲキを飛ばす」の「ゲキ」は、漢字で書くと「檄」。形は似ていますが、激しいの「激」とは違います。

「檄」とは、古代中国で人民にお触れを告げるために役所で出した木札の文書、また、仲間を集めるための触れ文のこと。

つまり、「檄を飛ばす」の本来の意味は、檄を方々に急いで出し、決起を促すこと。もう少しわかりやすく言うのなら、**自分の考えや主張を広く訴え、同意を求めたり、**

決起を促すことなのです。

本来の意味を知ると、「たるんでいるから檄を飛ばしてやった」という使い方が間違っていることがわかりますね。

では、どんな使い方が正しいかといえば、

「社長は社員に檄を飛ばすだけでなく、関連会社の従業員にも経営方針をしっかり伝えた」

「卒業生に檄を飛ばして、母校の甲子園出場のOB応援団を立ち上げた」

のようになります。

また、似たような間違いに、「カツを入れる」という語があります。

「やる気がないので、怒鳴りつけてカツを入れてやった」

このように使われるのですが、この場合のカツは「喝」と書き間違えられるケースが多いのです。

「カツを入れる」は「活を入れる」と書くのが正解。その意味は、気絶した人の息を吹き返らせることから、刺激を与えて気力を起こさせること。発音が同じで間違いやすいので、しっかり覚えておきましょう。

おもむろに

——早いのか、ゆっくりなのか

「犯人はおもむろに銃を取り出した」

「彼女はおもむろに立ち上がり、私のほうを見た」

このように書かれていたら、どんなシーンを想像するでしょうか。もしかすると、目にもとまらぬ早さで銃を取り出したり、スクッと勢いよく立ち上がる様子を想像したのではないでしょうか。

それは、「おもむろに」という語を、素早く、不意に、いきなり、勢いよくという意味に解釈しているからです。しかし、本来の「おもむろに」の意味は、**落ち着いてゆっくり事を始める様子**。ゆっくりとしたさま、なのです。

漢字で書くと、「徐《おもむろ》に」となります。この字は少しずつ変化するという意味の「徐々に」と同じ字で、「徐行運転」などと使われます。不意に、いきなりといった意味とは対極にあることがわかりますね。

「おもむろに」と同様に、間違った解釈をされているものに「やおら」があります。

「父はやおら話を始めた」

というと、「いきなり話し出した」「急に話を始めた」という意味に受け取ってしまう人が多いのではないでしょうか。

「やおら」を辞書で調べると、「静かに体を動かすさま、また徐々に行うさまを表す語。そろそろと」とあります。

つまり、「おもむろに」と同様に、本当はゆっくりとした様子が、反対の意味にとられているのです。

「やおら」は『源氏物語』にも登場する歴史のある言葉なのですが、人に知られぬように物音など立てずにするさま、そっと、こっそりと、という意味で使われています。

「やおら」と同じく「や」から始まる「やにわに」という語があるのですが、こちらは、相手の意表をついて、急に行動を起こす様子。だしぬけに、突然、いきなりという意味です。

「やにわ（矢庭）」は、矢を射ているその場を表す語で、それに「に」をつけることで、その場を離れずに、すぐに、という意味で使われるようになりました。

破天荒《はてんこう》

――大胆で型破りな人物？

破る・天・荒れる、の三文字で構成される「破天荒」。ひとつひとつの漢字の持つイメージのせいなのか、大胆で豪快な様子や人というニュアンスで用いられる場合が多いようです。そのため、

「部長は、自分が正しいと思えば社長にも平気で意見するし、取引先とも大喧嘩するような破天荒な性格なんです」

「彼は、中学校のときに教室の窓から飛び降りるような、破天荒な生徒だった」

というような使い方をする人が少なくありません。しかし、本来の意味はまるで違います。

「天荒」とは、まだ開かれていない未開の地という意味で、「破天荒」の語源は、中国の故事にあります。

唐の時代の荊州《けいしゅう》という地では、科挙《かきょ》という難しい役人の試験に合格する者が、百年以上も現れていませんでした。そのため、未開の地、「天荒」と呼ばれていました。

ところがある年、とても優秀な人物が現れて、科挙に合格したのです。人々は「ついに天荒を破った」と言い、その人物のことを「破天荒」と称しました。

この故事から、「誰もできなかったことを初めて成し遂げること」を破天荒と呼び、それが転じて、**前代未聞、これまでになかったこと、**といった意味で使われるようになったわけです。

語源を知るとわかりますが、「破天荒」には、豪快であるとか、荒っぽいとか、そういった意味は含まれていません。ですから、小心者で臆病な人物であっても、それまで誰もできなかったことを成し遂げれば、

「彼は、破天荒な事業を成し遂げた人物だ」

と言い表すことができます。

では、大胆で豪快な様子を表現する場合は、どんな言葉がふさわしいでしょうか。「豪放磊落《ごうほうらいらく》（気持ちが大きく小さなことにこだわらない）」「肝《きも》が据わっている（少しも動揺しない、度胸がある）」「剛腹《ごうふく》（度量が大きいこと、物おじしない）」などがあります。

敷居《しきい》が高い

――高級すぎて行けない？

「南青山にできたレストラン、美味しくて大人気なんですって」

「いいわね。今度行ってみましょうよ」

「だめだめ。あんな高級店、敷居が高くって無理に決まってるわ」

この会話を聞いて、ちょっと違和感を覚えた人は語彙力が高い人です。

もし「どこが変なの？　どこもおかしくないけど」という人は、ぜひ、辞書を開いてみてください。

若い人にはあまりなじみがないかもしれませんが、「敷居」とは、家の門の内と外を区切り、また部屋を仕切るために敷く横木のことです。それが高いという様子から、ある場所に行きにくい、入りにくい気持ちを表しています。

それが転じて、**不義理や不面目があって、その人の家に行きにくい**、という意味になるのです。

具体的には、

「前に、彼に大恥をかかせたことがあったんだ。だから、彼の家は敷居が高くて二度と行けないよ」

「借金の肩代わりをしてもらっているので、敷居が高くて実家に帰れない」

などの使い方をします。

最近では、冒頭の会話のように、「敷居が高い」という意味を、高級すぎる、上品すぎる、高すぎるために行きにくいというように、間違ってとらえている人が増えています。でも、本来の意味を知っている人に、「あの店は敷居が高くて行けない」と言えば、「ツケが払えていないのかな？」「店で問題を起こしたことでもあるのかな？」と、変に勘繰られてしまうかもしれません。

もし、別の言葉で表すなら、

「だめだわ、あんな立派な店、私の身の丈《たけ》に合ってないわ」

「だめだめ、あんな高級店、私にはハードルが高すぎるわ」

「とてもだめ、あんな高い店、私には分不相応だわ」

などのように話せばいいでしょう。

なおざり、おざなり

――「いい加減」という意味では同じだが

「なおざり」と「おざなり」。言葉の順序を置き換えるだけで違う意味になる、ちょっとややこしい言葉です。そのため、「あれ、どっちがどっちだっけ？」とわからなくなってしまうのではないでしょうか。

また、二つとも同じ意味の語だと勘違いしている人もいるかもしれませんね。

まず、「なおざり」ですが、こちらは、**真剣でないこと。いい加減に放り出していること。また、深く心にとめず、あっさりとしていること、という意味があります。**

「勉強をなおざりにしてきたから、いざ受験となって苦労するんだぞ」

のように使います。

一方、「おざなり」は、**その場を逃れるためにいい加減な言動をするという意味。**

「気づかなかったなんて、おざなりな言い訳が通用すると思っているのか」

のように使います。発音は似ているけれど、意味は少し異なります。間違えないように気をつけましょう。

姑息《こそく》 ——もともとの意味は「卑怯」ではない

「嘘の情報を流して仕事を横取りするなんて、本当に姑息な奴だ」

「表向きではいい顔をして、裏でライバル会社と通じるなんて、よくも姑息なまねをしてくれたもんだ」

例文のように、卑劣、ずるい、潔くないなどの意味で使われることが多い「姑息」ですが、もともとの意味をご存じですか。

姑息の語源は、中国の故事にあります。

あるとき、孔子の門人、曾子《そうし》が重病で臥《ふ》せていました。そのとき、自分の身分には合わない上等なすのこを敷いて寝台にしていたのです。

すると、そのことを童子に指摘されたので、曾子は我が子である曾元《そうげん》に、すのこを取り替えるように命じました。

ところが、曾元は父親の病状が芳しくないのを考慮して、「明日の朝、具合が良くなってから取り替えましょう」とすすめます。

すると曾子は、次のように言ったのです。

「君子の人を愛するや徳を以てす。細人《さいじん》の人を愛するや姑息を以てす」

その意味は、「人格の優れた者は、大義を失わないように人を愛するが、度量の狭い者は、その場しのぎのやり方で人を愛するのだ」というものでした。

そこで、近くにいた者たちが曾子を抱き上げてすのこを取り替えたのですが、ほどなく彼は他界しました。曾子は、一時しのぎの配慮に甘んじて生きながらえるより、正しいことをして死んだほうが良いと考えていたのです。

由来を知ると、「姑息」の意味の中に、「卑怯」というニュアンスも若干含まれるのがわかりますね。なぜなら、重病の父がどんな思いですのこを取り替えてほしいと頼んだのか、その気持ちを汲めば、「明日、具合が良くなったら」という対応は、一時の間に合わせに過ぎません。

「姑息」とは、**一時の間に合わせで、物事の根本的な解決にはならない**という意味をきちんと覚えて、正しく使えるようにしましょう。

さわり

――歌の出だしと思われがち

「童謡の〝ふるさと〟ってどんな曲だったかな。さわりを歌ってくれない？」

もし、あなたがこんなふうに言われたら、どの部分を歌いますか。

「さわり」という言葉が生まれた背景を見ながら、本来の意味を考えてみましょう。

「さわり」はもともと、浄瑠璃《じょうるり》から生まれた言葉です。曲中で最も聞きどころ、聞かせどころとされている部分、本来は口説きといわれる歌謡部分を指しています。それが転じて、**広く楽曲で中心となる部分。話の中心となる部分**、演劇や映画などの名場面、見どころになっています。

ですから、先ほどの問いに対する答えは、「♪夢は今も、めぐりて～」と、盛り上がりの部分となるわけですが、「さわり」を、曲の歌いだし、話の冒頭の部分と勘違いする人が少なくありません。もしかすると、「さわる」という言葉に、ほんのちょっとだけ触れる、表面的に触れるというイメージを抱き、歌や話の出だしのところと思い込んでしまったのかもしれません。

失笑する

――笑っていいのか、悪いのか

あるクイズ番組で、「『失笑する』お芝居をしてください」という問題がありました。複数の回答者がいたのですが、半分以上が、相手の様子を見て口をぽかんと開けたり、ため息をつくなど、あきれた表情を浮かべました。残りの回答者はプッっと吹き出すような演技をしました。

さて、あなたが回答者だったら、笑いますか、笑いませんか。

「失笑」を辞書で調べると、**おかしさをこらえることができず吹き出すこと**とあります。**あきれるという意味は含まれていません。**

そもそも「失」には、「失火」や「失言」のように、うっかり外に出してしまうという意味があります。ですから、本当は笑ってはいけないシーンで思わず笑ってしまう、というのが「失笑」の本当の使い方なのです。

あきれると解釈されるのは、「笑いを失う」という、誤った読み解き方をするからでしょう。

気が置けない人

——油断できない人？

Aさんが言いました。「Bさんは気が置けない人です」

さて、AさんにとってBさんはどんな存在でしょうか。

① 気が許せない。打ち解けられない、油断ができない人

② 気を使わなくていい、遠慮がいらない親しい間柄

平成二四年度に実施された「国語に関する世論調査」では、半数近くの人が①の解釈を選んでいますが、正解は②です。

「気が置けない」の「気」は、遠慮や気遣いという意味で、それに「置けない」がつくことで、遠慮しようと思ってもつい遠慮できない、気を遣おうと思っても気を遣うのを忘れてしまう、つまり、**親しい、遠慮がいらないという意味になります**。

一方、「気が置ける」というと、つい遠慮してしまう、気を遣ってしまうという意味。「気が置けない」の語尾の否定形に影響されて、気を許せないといった意味にとらえる人が多いのですが、本当の意味は「気楽につき合える」ということです。

潮時《しおどき》——使うのは引き際だけに限らない

「私も年をとった。そろそろ潮時かな」

「ここが潮時よ。私たち、別れましょう」

例文のように、引き際を決意するシーンで「潮時」という言葉がよく使われます。

また、スポーツ選手の引退会見で、「そろそろ潮時」「今が潮時」といった言葉を耳にすることもあります。

しかし、潮時の本当の意味はちょっと違います。

潮時は潮の満ち引きを表す語で、その様子から、**物事をするのにちょうど良い時**という意味を持つのです。

「開業資金もたまったし、人脈もしっかりできた。そろそろ起業する潮時だ」

「メンバーの気持ちも高まっている。今こそ決起の潮時だ」

このようにも使います。

つまり、物事の引き際だけでなく、物事の始まりにも使える言葉なのです。

手をこまぬく

——準備している、のではない

「手をこまぬく」とは、すべきことを何もせずに、ただそばで見ていること。ところがなぜか、準備して待ち構える、と勘違いしている人が少なくありません。

「こまぬく」という言葉は、左右の手を胸の前で組み合わせる、腕を組むこと。それが転じて、**何もしないで見ている、傍観する**という意味になりました。

なぜ、「準備して待ち構える」という反対の意味になったのかは定かではありませんが、近年、「こまぬく」が音変化して、「こまねく」といわれることが多くなったことが原因のひとつかもしれません。「こまねく」の「まねく」の部分が「招く」に通じ、「手招きする」イメージから、準備して待つと勘違いされるのかもしれませんね。

「手をこまぬいていても、何も進展しない。すぐに準備を始めよう」

「もはや、手をこまぬいて待っている事態ではない」

などが、正しい使い方です。

天地無用

――逆さにすると大変なことに

コンビニの倉庫で、新人のアルバイトが段ボールの置き方で注意されています。

「こらこら、逆さに置くやつがあるか」

「でも、天地無用って書いてあったので、どちらでもいいのかと」

「天地無用っていうのは、逆さに置くなってことだぞ」

「え、そうなんですか？」


天地無用は、荷物などの外側に書き記されていますが、破損の恐れがあるために、荷物の天地（上下）を逆さまにするなという意味です。しかし、「上下を気にしなくてよい」と誤解されることがよくあります。

理由は、「心配無用」を「心配しなくてよい」と解釈するように、「天地を気にしなくてよい」ととらえてしまうから。しかし、**「無用」という語には、必要ないという他に、他の語について「してはいけない」という意味もあります。**「口外無用」なども同じ。ですから、天地無用は、上下を逆にするのを禁じる言葉というわけです。

号泣《ごうきゅう》 ——本当の意味を知っている？

「感動のラストシーンに号泣した」

「親子の心温まるエピソードに号泣」

最近、「号泣」という言葉をよく耳にします。また、Facebook や Twitter といったSNSでも、「号泣です」「号泣しました」というフレーズを使う人が増えています。

では、「号泣」とは正確にはどんな意味でしょうか。辞書を開いてみると、号泣とは、**「大声を上げて泣き叫ぶこと」**とあります。

ですから、もし映画館で感動して号泣したとすれば、周りの人がびっくりするような状況になってしまうわけですね。

感動の大きさを伝えたくて、誇張した表現で号泣という言葉を使っているのかもしれませんが、本来は、「恩師の訃報を知り、号泣する」のように用いるものです。

なんでもかんでも、「号泣しました」などと言ったり書いたりすると、「日本語の使い方を知らないのだろうか」と思われるかもしれません。

煮詰まる

――困った事態として誤用しがち

「新規イベントの計画が煮詰まった」

さて、この例文をどう解釈しますか。「十分に計画が練られて、結論を出す状態になった」なのか、「時間がたつばかりで進展が見られない状態になった」という意味なのか、どちらだと思いますか。

実は、どちらでも正解とされるようになりました。「されるようになった」というのは、以前はそうではなかったからです。

もともと「煮詰まる」の意味は、煮物などで次第に煮汁が少なくなっていく様子から、**話し合いなどで意見が十分に交わされて結論を出す段階になる**、という意味で使われてきた語です。

つまり、煮詰まる様子をポジティブにとらえているといえるでしょう。

しかし、煮詰まって水分がなくなると、焦げたり味が濃くなりすぎたりと、ネガティブな受け取り方もできます。

そのために、「時間ばかりがいたずらに過ぎ、もうこれ以上新たな展開が望めない状況になる」と解釈する人が増えてきたのです。

そこで、古い辞書にはありませんが、最近のものには「新たな展開が望めない」という意味も加えられています。

とはいえ、二つの意味は相反するもの。ですから、聞き手と話し手の意味のとらえ方が異なっていれば、話のつじつまが合わなくなってしまいます。

たとえば、上司が部下に仕事の進捗《しんちょく》を尋ねたとします。

「この前頼んでおいた企画だけど、どうなっている?」

「すっかり煮詰まっています」

上司は「ほぼできあがっているんだな。それなら安心だ」と思い、部下は「進まなくて困っていると伝えたから、助け舟を出してくれるかもしれない」と思うかもしれないのです。

そんな行き違いを起こさないためにも、もし、進展が見られないような状態に陥っているのなら、「煮詰まる」ではなく「行き詰まる」を使うと良いでしょう。「すっかり行き詰っています」と言えば、誰が聞いてもストレートに意味が通じます。

琴《きん》線《せん》に触れる

——感動の気持ちを表す

数多くの日本語の中でも、「琴線に触れる」は、特に表現が繊細で、響きが美しい慣用句です。

琴線は琴の弦のこと。共鳴しやすいその琴線に触れるの意から、心に伝わるものがあって、**繊細で微妙な感動を覚える**という意味になります。

「竹久夢二《たけひさゆめじ》の抒情画は、日本人の琴線に触れる」

「その映画は、よほど彼の琴線に触れるものがあったのか、帰り道はずっと、いかに感動したかを熱く語っていた」

のように使われます。

最近では、「怒りの琴線に触れる」といった使われ方も見かけますが、「琴線に触れる」は、感動の気持ちを表す場合ですから、「怒りの琴線」という表現は間違いです。

また、「妹の余計な一言が、母の琴線に触れたのか、いきなり不機嫌になった」というように、触れられたくないこと、あるいは、不快な話題に触れるという意味で使うのもおかしいのです。

美しい琴の音色は、心を震わす感動から生まれるものと覚えておきましょう。

もし、「触れる」という言葉を使って怒りの気持ちを表すのなら、「逆鱗《げきりん》に触れる」が適切です。

逆鱗とは、竜のあごの下にある一枚だけ逆さに生えたうろこ。これに人が触れると竜が怒り狂うという伝説から、天子（中国の君主、皇帝）の怒り、目上の人の激しい怒りを表すようになりました。

ただし、「逆鱗に触れる」を使うときに気をつけなくてはいけないことが、二つあります。ひとつは、ちょっとした怒りではなく、激しい怒りであること。二つ目は、目上の人の怒りに限るという点です。

たまに、「マンガを勝手に読んで妹の逆鱗に触れた」「調子に乗って後輩をからかっていたら逆鱗に触れて、翌日から口をきいてくれなくなった」のような使い方をする人がいますが、自分より立場の下の人間には「逆鱗に触れる」は使えません。

「社長の逆鱗に触れ、課長は左遷された」

というように用いるのが正しいわけです。

舌つづみ ――「つづみ」か「づつみ」か

美味しいものを食べて満足な気持ちを表すのに、「舌〇〇〇を打つ」があります。

さて、〇〇〇に入るのは「つづみ」なのか「づつみ」なのか、わかりますか。

発音だけで覚えていると、「あれ、どっちだっけ？」と迷ってしまいますが、漢字にして覚えれば決して忘れないでしょう。

「舌〇〇〇」の正解は、「舌つづみ」。漢字で書くと「舌鼓」、「鼓」は打楽器のつづみのことです。

美味しいものを味わった満足感を、**舌を鳴らして表すことから生まれた言葉**が「舌鼓を打つ」なのです。

また、「打つ」と結び付けて使う言葉に「相づち」があります。相手の話に合わせて、受け答えの話を挟んだり、うなずいたりすることで、相づちの「つち」は「槌」と書き、物を打ち叩く工具を指します。たまに、「相槌を入れる」という人がいますが、入れるのは「合いの手」です。混同しないように気をつけましょう。

うろ覚え――「うる」か「うろ」か

「昔読んだ小説だから、ストーリーはうろ覚えなんだけど……」

「うろ覚えじゃなくって、うる覚えでしょ」

「え、うる覚え？　うる、うろ、うる……うーん、どっちだっけ」

うる覚えにうろ覚え。何度も繰り返し口にしていると、どちらが正解なのかわからなくなりそうですね。しかし、ぼんやり覚えていること、はっきりしない記憶を表すには、「うろ覚え」です。

もともと、うろ覚えの「うろ」は「おろ」の変化した言葉で、「おろ」とは、いささか、不十分な、定かでない、という意味です。

「おろ」の語源は、「おろそか」などと同源で、「愚か」と関係があるともいわれています。

誤用が多すぎるせいか、インターネットで検索すると「うる覚え」が数多くヒットしますが、**正しくは「うろ覚え」**。うろ覚えでなく、きちんと記憶してください。

情けは人のためならず

――結局、誰のため？

「いくら受験に失敗して落ち込んでいるからって、甘い顔ばっかりしてちゃだめ。情けは人のためならずって言うじゃない。厳しさも愛情なんだからね」

例文のように、「情けをかけすぎるのはその人のためにならない」というような意味で、「情けは人のためならず」を使う人を見かけます。

しかし、本当は、**人に情けをかけておけば、巡り巡って自分に良い報いが来る**という意味。「人のためならず」を「人のためにならない」と解釈するのではなく、「人のためじゃない、自分のためなんだ」と読み取る必要があるのです。

もっとわかりやすく言うなら、人に親切にするとあとで自分に返ってくるという考え方で、四字熟語では「因果応報」に意味が似ています。

「因果応報」は、悪い行いには悪い報いが来るという意味で使われることが多いのですが、実際は、善い行いには善い報いが、悪い行いには悪い報いが来る、という仏教の教えから生まれた言葉なのです。

袖振り合うも他生《たしょう》の縁

――縁の多い・少ないではない

間違って覚えられていることわざランキングがあったら、上位に入るのがこの「袖振り合うも他生の縁」かもしれません。

その意味は、道で見知らぬ人と袖が触れ合うのも、深い宿縁に基づくものである、という仏教の教えから生まれた語です。その意味から、「袖すり合うも多少の縁」と間違える人が多いのですが、袖は「振り合う」です。

そして、「多少の縁」ではなく、「他生（もしくは多生）の縁」と書きます。「他生」は今生《こんじょう》に対して、過去あるいは未来における生存を意味し、「多生」は、何度も生まれ変わること。六道を輪廻《りんね》し、多くの生を経ることを意味しています。

仏教の教えから生まれた言葉なので、意味が深く、すぐに理解するのは難しいかもしれません。かみ砕いて解説するなら、人との縁はすべて単なる偶然ではなく、深い因縁によって起こるものだから、**どんな出会いも大切にしなければならない**、という教えなのです。

海千山千《うみせんやません》

——ほめ言葉に使うと危険！

「社長は海千山千でいらっしゃるので、ご一緒させていただいて勉強になります」

接待の席で、大切な取引先の社長をほめようと、「海千山千」を使った人が、上司から大目玉を食らったというエピソードがあります。

当人は、「経験豊かで多くの実績を持っている」というつもりで海千山千を使ったのですが、本当の意味を知って青ざめたとか。

なぜなら、海千山千とは、**世の中の裏表を知りつくしてずる賢い**、また、そういう人を指すもの。もともとは、海に千年、山に千年住んだ蛇が竜になるという故事から生まれた言葉なのです。ですから、

「あいつは海千山千だから、だまされないように気をつけろよ」

といった具合に、あまり良くない意味で使われます。

経験の豊かさをほめるのなら、「百戦錬磨」や「千軍万馬《せんぐんばんば》」などが良いでしょう。どちらも多くの戦いを経ていることを、ほめ讃えるものです。

上を下への

――階段を上り下りすること？

「突然、海外からお客様が来ることになり、わが家は上や下への大騒ぎになった」

例文を読んで、「おいおい、上や下へのじゃなくて、上を下への、の間違いなのに」と思った人は、語彙力が高い人です。

ごった返したり、混乱している様子を表す「上を下への」は、その意味やニュアンスから、建物の階段を駆け上がったり駆け下りたり、上に行ったり下に行ったり、騒々しい様子を思い浮かべがちでしょう。

しかし実際は、**上にあるべきものが下になったり、下にあるべきものが上になったりするほど混乱している様子**を表しているので、「上や下への」や「上に下への」という言い方は間違いなのです。

また、騒ぎが大きく収集がつかなくなる様子は、「蜂の巣をつついたよう」という慣用句も適しています。蜂の巣をつつくとどんなことが起きるのか、イメージしやすいので、会話を豊かにするのに役立つ表現です。

汚名返上

――返上したいのは、汚名か名誉か

「汚名返上」は、悪い評判を晴らして名誉を回復することです。

「連敗をストップさせ、汚名を返上する」

のように表現します。

「汚名返上」と似た意味で使われるものに、「名誉挽回《ばんかい》」があります。こちらは、一度傷ついた名誉を取り戻すという意味なので、

「代替わりして味が落ちたといわれたが、一から料理を勉強し直して、老舗《しにせ》の看板のためにも名誉挽回したい」

という使い方が一般的です。

意味が似ているため、二つの言葉をごちゃ混ぜにして、「汚名挽回」と間違う人が多いのですが、「挽回」は、取り戻すという意味なので、この言い方では、「悪い評判を取り戻す」ことになってしまいます。**取り戻すべきは名誉のほうで、汚名ではありません。**汚名はとっとと返上してしまいましょう。

辛党《からとう》――辛いもの好きと勘違いしがち

「今度の接待、いい店を探しておいてくれよ。ちなみに、あの方は辛党だから」

「承知しました。辛党ですね。それならとびきりの店を知ってます」

「頼もしいね。その店は、日本酒、焼酎？　それとも洋酒かな？」

「え、お酒のことは知らないですが、とにかく激辛料理で有名ですよ」

「おいおい、辛党っていうのは、そういう意味じゃないぞ」

言葉の意味を知らないと、こんなちぐはぐな会話になってしまうかもしれませんね。

ここで上司が口にした「辛党」とは、激辛だったり塩辛い料理を指すのではなく、**酒飲みのこと**を話しているのです。

辛党とは、菓子などの甘いものよりも酒類が好きな人のことで、左党《さとう》（または「ひだりとう」）とも呼びます。左党は、大工が左手で道具のノミを持つことから、「飲み手」とかけている、しゃれた言葉です。「酒好き」や「酒飲み」というストレートな表現だけでなく、こうした婉曲な言い回しは、日本語の奥行きを感じさせてくれますね。

君子豹変《くんしひょうへん》

――いい人が急に変わるなんて？

「君子豹変」という言葉から、どんなイメージを受けますか。

もしかすると、

「飲み会のとき、はじめは穏やかに飲んでいたの。でも、しばらくしたら君子豹変。大声で騒ぐのでびっくりしちゃった」

のように、いい人がいきなり変わってしまう様子や、

「あの人は、課長のことをさんざん悪く言ってたくせに、部長になったとたん、急にご機嫌を取り出して。まさに君子豹変の典型だ」

のように、節操なく変わり身が早いという意味にとらえていませんか。

このように最近では、態度や意見をころころ変えるという悪いたとえに使われている「君子豹変」ですが、もともとの意味は違います。

そもそも、この語の出典は、中国の『易経』という、自然や人生の変化の道理を説いた書物です。

「君子」とは、学識、人格、徳が備わった優れた人物で、「豹変」とは、ヒョウの毛が季節によって抜け替わり、斑点の模様も美しくなることを表しています。

この二つの言葉が組み合わさると、優れた人物というのは、時代の変化に対応して自分を変革するものである。すなわち、**優れた人物は、自らの誤りに気づけば直ちに改める**、という意味になるのです。

語源を知ると、今、世間で使われている「君子豹変」との差に驚かされますね。

現在は悪い意味での君子豹変も辞書に載っています。しかし、「俗に」という一文が足されているので、正確な意味は別にあると示しているのです。

ちなみに、そのときどきの情勢で露骨に態度を変える様子は、「手の裏を返す」もしくは「掌《てのひら》を返す」という慣用句で表せます。

また、事情を素早く判断して、考え方や態度を変えるのを「変わり身が早い」という言葉でも表現できます。

言葉の持つ本当の意味を知り、その場その場に合った使い方ができる人は、言いたいことを端的に相手に伝え、また理解してもらえます。そのためにも、語彙力を磨くことは大切なのです。

第六章

気持ちや様子がピタッと伝わる語彙

うとましい ――やたらとしつこい人に対して

こちらが嫌がっているにもかかわらず、ぐいぐい近寄ってきたり、しつこくからんでくる人がいます。

何気なく言った一言に対し、「それって嘘じゃないの」「そういうことは言うべきじゃないよ」などと説教を始めたり、遠回しに行きたくないと言っているのに、「いつだったら行けるの？　行ける日を教えて」などと無神経に何度も誘ってくるような人。

こうした人たちは、「うざい」「空気が読めない」などと表現されるのでしょう。でも、昔からある言葉を使うのなら、「うとましい」が、しっくりくるでしょう。

「疎ましい」と書き、**嫌な感じがして避けたい、いとわしい**、という意味です。

「あの人は遠慮がないから疎ましい」

「彼は仲間から疎んじられている」

などと使います。

すげない

――冷たい態度をとられたら

仕事先の担当者のところに、いろいろと資料を用意して足を運んだのに、あまり関心がなさそうな顔をされるとガッカリしますね。「ろくに資料も見てくれなくて、冷たい扱いだった」と落胆するでしょう。

また、「きっと喜んでもらえるはず」と、映画のチケットを送ったのに、「アニメ映画は関心がないんだけど、せっかくだから」などとメールが返ってきたりすると、「なんだ、送るんじゃなかった」と思ってしまいます。

こんなときの気持ちを「すげない」という言葉で表すことができるでしょう。「すげない」とは、**同情や思いやりがない、愛想がない、冷淡である。つれない**という意味です。

「一生懸命に準備をしたのに、もう必要ないなんて、すげない」

「すげない返事にがっかりした」

のように使います。

あらかた

——ほとんど全部を表したいとき

仕事の進捗状況を尋ねられ、ほとんどできあがっているとしたら、あなたはどう答えるでしょうか。

「だいたいできあがっています」「ほぼできています」「九割以上できています」「完成間近です」「大方仕上がっています」「おおよそ、できています」「あと少しで仕上がります」など、さまざまな言い方がありますね。

そこで、もうひとつぜひ加えてほしいのが、「あらかた」という表現です。これも、**ほぼ全部を表す語**ですから、

「参考文献にはあらかた目を通してあります」

「同級生のあらかたが結婚した」

のように使います。

こんなふうに、同じことを伝えるにも、バリエーションが豊かなのが日本語のすばらしいところですね。

あられもない——女性として恥ずかしい

旧家の生まれで、礼儀作法にはとても厳しい人がいます。ある夏の日のこと。タンクトップに短パン姿でだらしなく寝転んでいると、さっそく叱られてしまいました。

「そんなあられもない格好をして。恥ずかしくないの」

「ごめんなさい。でも、あられもないって、どういうこと?」

あられもないとは、あるはずもない、あり得ない、とんでもないという意味と、不都合である、似つかわしくないという意味がありますが、**特に、女性として適当でないふるまいに用いられる**ことが多い語です。

現在は、女性だから男性だからという考え方は性差別に当たるとされますが、古くから使われている言葉には、女性に向けて使われるもの、男性だけに当てはまる表現などが数多くあります。「あられもない」は、主に女性に対して使われますが、男性に対しても使える言葉です。

いわくつき

——良くない事情があること

「彼はいわくつきの人だから、気をつけたほうがいいよ」

「あの土地が安いのは、いわくつきだからだ」

そんなふうに、ちょっと声を潜めて使いたくなるのが「いわくつき」です。**何か特別の事情があること、犯罪の前歴などがあること**だからです。

いわくつきは、漢字にすると「曰く付き」。「曰く」とは、込み入った事情や理由です。副詞的に用いると「先生いわく……」のように、「○○が言うには」といった具合に使われます。

それに「付く」が組み合わされて、あまり良くない事情を指すようになりました。

「あの人には前科があるらしい」「あの家は昔に悪いことがあったらしい」とストレートに話さなくても、「いわくつき」を使えば、遠回しに伝えられます。

また、類語には、「訳あり」があります。「訳ありの人」「訳ありの物件」などとすると、はっきりとは言わないけれど何か事情があると伝えられます。

面映《おもは》ゆい

――頬がポッと赤らむ言葉

読み方が難しいのですが、「おもはゆい」と読み、顔を合わせることがまぶしいように思われる、照れくさい、極《き》まりが悪い、恥ずかしい気持ちを表すのです。

「人から注目されて、面映ゆい」

「気がついたら二人きりになっていて、何とも面映ゆい気持ちになった」

恥ずかしさを表すわけではありますが、失敗などをして恥をかいたときに味わう気持ちではありません。

嬉しさと恥ずかしさが混在して、思わず頬がポッと赤らむような、繊細な気持ちを表す語なのです。

中世や近世では、「おもはゆし」という使い方もされていて、「気恥ずかしい」「うらはずかしい」などとも言い換えられます。

一方、失敗などですっかり恥じ入るような場合には、「汗顔《かんがん》の至り（顔に汗をかくほど非常に恥ずかしい気持ち）」とすると良いでしょう。

鳴《な》り物《もの》入《い》り

——何かと派手な宣伝

「鳴り物入りで開店したが、行列ができていたのは最初だけで、今じゃガラガラで開店休業状態だ」

「東大卒の彼は鳴り物入りで入社したけれど、期待外れもいいところだった」

このように使われる「鳴り物入り」とは、歌舞伎や演劇などで、笛や太鼓などの鳴り物を入れて調子を取り、にぎやかにすること。それが転じて、物事に大げさな宣伝などが伴うことをいいます。

高校や大学などで活躍し、注目を集めながら華々しくプロ野球やJリーグなどに入団したけれど、なかなか芽が出なかったり、すぐに調子が悪くなった選手などは、「鳴り物入りで入団したけれど……」と、**皮肉を込めながら話されることが一般的**なようですね。

類語としては、「喧伝《けんでん》（盛んに言いふらすこと、世間でやかましく言いたてること）」などがあります。

人心地《ひとごこち》――緊張がほどけてホッとする

緊張が解けてホッとしたくつろいだ気持ちや、人間として正常な感覚、正気、平常心を意味するのが「人心地」です。

「部屋に戻って人心地つくと、どっと疲れが出た」

「まずは風呂に入って人心地つかせてくれ」

などと使うのが一般的でしょう。

くつろいだ気持ちになることから、一休みする様子をイメージして、「一心地」と書く人がいますが、**人間としての正常な感覚を指す**ので、「人心地」と書くのが正解です。

緊張が解けてホッとする様子ですが、抱えていた心配がなくなりホッと安心する様子としては「愁眉《しゅうび》を開く」という表現があります。

この言葉の由来ですが、心配事があると知らず知らずの間に、眉をひそめた表情になりますね。眉間にしわが寄ったような状態です。それが開いて穏やかな表情になることから、心配がなくなる様子を表すわけです。

つつがない

――病気もせず、元気なこと

「故郷にいらっしゃるご両親は今もご健在ですか?」

「おかげさまでつつがなく暮らしております」

そんな会話を聞いたことはありませんか。「つつが」とは「恙」と書き、病気などの災厄や、わずらいを表します。それに「ない」が結びつくと、**病がない、異常がない、無事である**という意味になります。

手紙で相手の様子をうかがう際に「つつがなくお過ごしでしょうか」「つつがなくお過ごしのことと存じます」と書くのも一般的な使い方です。

「元気にしています」「変わりありません」という言い方で無事を表すケースが多いのですが、「つつがない」はワンランク上の表現です。

では、病気で寝込んでいるときなどは、「つつがある」とするのでしょうか。残念ながら、その表現はありません。そんなときは、「あいにく体を壊しており」とか「あいにく臥せておりまして」のように話します。

尾籠《びろう》な話

——下ネタを話す前にこの一言を

会話中に話題につまったときに、自分の失敗談をして切り抜けることがありますね。俗に言う自虐ネタは軽く聞き流せますし、罪がありません。

そんな失敗談の中でも、なぜか盛り上がるのが「トイレ」に関すること。排泄《はいせつ》については、誰でも共感できる部分が大きいのでしょう。

とはいえ、「しものこと」を話題にするときは、「尾籠な話で申し訳ありません」と、先に一言お詫びをするのを忘れないようにしてください。

「尾籠」とは、**無礼、不作法だったり、汚い、汚《けが》らわしくて人前で失礼にあたる**という意味です。

話題が下品だったり、口にしづらいものだったりするときに、「尾籠な話で……」と前置きすると、たとえ、そういう話に眉をひそめるタイプの人でも、大目に見てくれるでしょう。

印《しるし》ばかりのもの

――手土産を渡す折に

誰かの家を訪ねる際には、小さくても、手土産を携えていくのが大人のマナーです。一般的には菓子折りなどですが、それを渡すときに、以前は「つまらないものですが……」と言っていました。

「つまらないもの」とは、贈る品物を謙遜しているわけですが、「そこまでへりくだる必要はないのでは？」「卑屈に聞こえてしまう」などの声が多く、また、若い世代には使いこなしにくいため、最近はあまり好まれません。

もっとフランクに「美味しいと評判のお菓子です」「行列ができる店のケーキなんです」という人も増えています。ただ、日本人らしい謙虚さを残したい場合は、

「印ばかりのものですが」

「心ばかりのものですが」

などを使うといいでしょう。この二つの語も、「つまらないもの」と同様に、**贈り物を謙遜して言うものです。**

砂を噛《か》むよう

――味気なさを感じたら

「砂を噛むよう」というフレーズを聞いて、どんな印象を受けますか。もしかすると、つらく苦しい感じじゃや、屈辱的な思いをしているイメージを思い浮かべるのではないでしょうか。

確かに、砂を口に入れて噛めば、じゃりじゃりと不快感が広がるでしょう。その様子が転じて、つらさや屈辱に通じるのもわからないでもありません。

しかし、実際の意味は、**味わいや趣がなく、うんざりさせられる様子**なのです。四字熟語で表すのなら「無味乾燥」が近い意味でしょう。

「あの人と会っていても、砂を噛むような気分がする」

「できあいの総菜ばかりが並ぶ食卓は、砂を噛むように味気ない」

などのように使います。

「退屈」「つまらない」「味気ない」といったストレートな表現を、「砂を噛むよう」に置き換えるだけで、言葉の味わいが深くなりますね。

ひとしお

――より一層のニュアンスで

「死ぬ気で勉強して合格したので、喜びもひとしおです」

「やっと授かった子どもなので、無事生まれてくれて、感動もひとしおです」

このように使われるのが「ひとしお」です。漢字にすると、「一入」と書きます。

他の物や他の場合に比較して程度が増すという意味の「ひとしお」ですが、語源は、染め物にあります。

染色の世界では、生地を染料に浸す回数が一回なら「ひとしお」、二回なら「ふたしお」という具合に数えます。そして、染め物は浸す回数が増えれば増えるほど色が濃くなります。

その様子が転じて、**「程度が増す」という意味**の「ひとしお」という言葉が生まれました。

なお、魚や肉などに軽く塩を振ることを「一塩」と書きます。どちらも同じ音なので、「喜びも一塩です」などと書き間違えないように注意しましょう。

のるかそるか

――ここ一番の大勝負に出る

「こうなったら、のるかそるか。勝負に出てみよう」
「のるかそるか、やれるだけやってみようじゃないか」

よく聞く言葉ですが、「のるかそるか」は、「伸るか反るか」と書きます。その響きから「乗るかそるか」と書き間違うことが多いのですが、長く伸びるか反対側に反り返るか、という意味なのです。どんな結果になるかわからないけれど、**運を天に任せて思い切ったことをする様子**を表します。

類語には「一か八か」や「丁か半か」などがあります。この二つはともに博打《ばくち》から生まれた語で、「一か八か」は、丁と半の字の上の部分をとったものと考えられています。

なお、下っ端のことを「三下《さんした》」と呼ぶことがありますが、これもサイコロ博打で、三より下の数が出ては勝ち目がないことから、目（芽）が出ない者を、三下奴《やっこ》と呼び、それが略されて「三下」になったものです。

使ってみたい粋な言葉

おけらになる

無一文になることを「おけらになる」といいます。おけらは、「ケラ」という昆虫。語源は諸説ありますが、この虫を正面から見ると万歳をしているように見え、無一文でお手上げ状態のイメージから生まれたといわれています。

はすっぱ

「蓮葉《はすは》」が変化したもの。「彼女ははすっぱなところがある」というと、特に女性の態度が軽はずみで落ち着きのないことや、浮気で身持ちが定まらない様子を指します。

いなせ

江戸日本橋魚河岸《うおがし》の若者が「鯔背銀杏《いなせいちょう》」に髪を結っていたことから、男気のある若者や、その容姿や気風のことを表すものです。

❖御の字《おんじ》

期待以上の好ましい状態で、十分に満足できること。「この程度売れれば御の字だ」というように、一応納得がいく状態という意味で使う人が増えていますが、本来は、大いにありがたい状態のときに使う語です。

❖河岸《かし》を変える

何かをする際に、違う場所にすること。特に飲食や遊びの場所について使うのが一般的です。「まだ飲み足りないから、河岸を変えて飲み直そう」のように使います。

❖お先棒《さきぼう》を担ぐ

物事の後先を考えず、軽々しく人の手先になること。先棒は、二人で担ぐ駕籠《かご》の前方を受け持つ人のことです。「片棒を担ぐ」という語もあり、こちらは、駕籠の片方の棒を担ぐことから、仕事などを分担して役目を果たす、一緒にある企てをするという意味で使われます。

ちょっとコミカルな言葉

❖味噌《みそ》をつける

失敗して恥ずかしい思いをさせられたり、信用を失ったりすること。「今度の一件では、彼も味噌をつけたな」のように話します。

❖着たきり雀《すずめ》

昔話の「舌切り雀」にかけた語で、いつ見ても同じ服を着ている人を揶揄《やゆ》する表現。「今年は服を買ってないから、すっかり着たきり雀です」のように使います。

❖閑古鳥《かんこどり》が鳴く

ひっそりして寂しいさま。特に、商売がはやらない様子を指します。「不景気で財布のひもが固くなっているせいか、店は閑古鳥が鳴いている」などと言います。

おんぶにだっこ

子どもは一度おんぶをすると、次はだっこを求めてくるもの。それが転じて、他人の好意に甘えて、何もかも頼りきりになること。「食費も下宿代も親におんぶにだっこでは、一人前の社会人とは言えないよ」などと使います。

内股膏薬《うちまたこうやく》

内股に貼った膏薬は右足についたり左足についたりするものです。その様子から、そのときどきの都合で、節操もなくあっちについたりこっちについたりすること。

大風呂敷を広げる

その人の技量を超えた大きなことを言う。あるいは計画を立てること。

お山の大将

仲間内や小さな集団の中で、自分が最も偉いと得意げにふるまう人。「地元ではお山の大将でいるけれど、会社では小さくなっているらしい」のように表現します。

日本語の美しさを感じさせる言葉

折り目正しい

礼儀作法をよくわきまえていること。「彼は折り目正しい青年だ」など。

六日《むいか》の菖蒲《あやめ》

端午《たんご》の節句（五月五日）の翌日の菖蒲のこと。転じて、時機に遅れてしまって役に立たないことのたとえ。「こんな頃にやってきても、六日の菖蒲。もう仕事はないよ」のように使います。「六日の菖蒲、十日の菊」という表現もあります。

あだや疎《おろそ》か

いい加減に考えたり、扱うこと。「先輩から教えられたことを、あだや疎かにしてはいけない」のような表現が一般的です。

絹を裂くような

絹を裂くときには高く鋭い音が出ます。そこで、非常に甲高い叫び声などをいいます。「突然、絹を裂くような悲鳴が聞こえてきた」などと使います。

黄昏時《たそがれどき》

夕方、薄暗くなり、「誰そ、彼は」と人の顔が見えにくくなった時分のこと。「黄昏時に町をそぞろ歩く」のように用います。

心を砕く

心配して、あれこれと気を配ること。「この会議で最終的な結論が出るように、議長は心を砕いた」のように表現します。

覚えておきたい三字熟語

❖檜舞台《ひのき》

ヒノキの板で張った能や歌舞伎などの格式ある舞台。転じて、自分の腕前を表す晴れの場所。「檜舞台を踏む」「檜舞台に立つ」のように使います。

❖生兵法《なまびょうほう》

武術を少しばかり心得ているが、まだまだ未熟なことが転じて、知識や技術が十分に身についていないことです。「生兵法は大怪我のもと」ということわざがあります。

❖不祝儀《ぶしゅうぎ》

お祝いの儀式、特に婚礼を祝儀といいます。それに「不」がつくので、不吉な出来事、葬式を指します。「身内で不祝儀がありまして……」などのように表現します。

甲斐性《かいしょう》

かいがいしい性質や健気《けなげ》な性質。また、物事を立派にやり遂げる能力のこと。「彼は甲斐性があるから、彼女も安心していられる」のように表現します。

胸算用《むなざんよう》

胸中の計算。心の中で見積りを立てる。「今期のセールでどれほどの利益があるか、胸算用する」のように使います。

消息筋《しょうそくすじ》

事情をよく知っている方面のこと。あるいは、その方面の人。「消息筋に聞いたところ、次の社長は決まっているらしい」のような使い方が一般的。

紅一点《こういってん》

たくさんのものの中で異彩を放つもの。一般的には、大勢の男性の中に女性が一人だけ混じっている様子をいいます。

左団扇《ひだりうちわ》

豊かな暮らし、安楽な暮らしのたとえ。一般的に利き手は右ですが、逆の左手で団扇を使えば動きがゆっくりになります。その様子が優雅に見えるので生まれた言葉。「私も早く左団扇の生活になりたい」のように表現します。

審美眼《しんびがん》

美しいものと醜いものを見分ける能力。

金釘流《かなくぎりゅう》

金釘を曲げたような下手な字を書くこと。「私の字は金釘流ですから、恥ずかしくて人様にお見せできません」など、謙遜するシーンで使われることが多い語です。

破廉恥《はれんち》

人として恥ずべきことを平気でする。人倫・道義に反すること。最近では、性的な乱行として使われることが多いのですが、本来はもっと広い意味があります。

匙加減《さじかげん》

本来の意味は、薬の調合の加減、医者の治療の仕方、料理の味付けの具合ですが、転じて、手加減、配慮、手ごころという意味でも使われます。「どこまで甘やかしていいものやら、匙加減が難しい」などと言います。

別天地《べつてんち》

俗世とは異なった環境の場所。理想の土地。「山頂は別天地だった」など。

好事家《こうずか》

変わった物事に興味を持つ人。物好き。あるいは、風流なことを好む人。「好事家が欲しがりそうな一品」のような使い方が一般的です。

青写真《あおじゃしん》

日光写真のこと。それが転じて、未来の構想や完成予想図の意味で用いられ、「彼の中では、青写真がすでにできあがっている」などと表します。

氏素性《うじすじょう》

生まれや家柄、家系のこと。「氏素性もわからない人間にお金を貸すなんて、どうかしている」のように使います。

風見鶏《かざみどり》

主にヨーロッパの教会や住宅の屋根の上に取りつけられている、鶏をかたどった風向計。比喩的に、時流に合わせることが巧みな人のこと。

赤裸々《せきらら》

包み隠さず、ありのままのこと。「自分の過去を赤裸々に語る」など。

総本山《そうほんざん》

ある宗派を総括する寺院。それが転じて、組織的な活動の中心を指します。「西洋医学の総本山」のように使われます。

第七章

上手に使うと評価が上がる四字熟語

呉越同舟《ごえつどうしゅう》

――敵同士が助け合う

久しぶりの休日。会社の保養施設を利用して旅行に来たところ、なんと出世コースを競い合う同期のライバルも泊まりに来ている。日頃からそりの合わない相手だけに互いに気まずい雰囲気になったが、そこは割り切って「呉越同舟」で、お互いのんびり温泉につかった……。そんな話を聞きました。

「呉越同舟」とは、**敵味方や仲の悪い者同士が、同じ境遇や場所にいること**を表して使う言葉です。

中国の春秋戦国ともいわれる戦乱の時代、たくさんの国が憎み合い戦っていました。呉と越もそうした宿敵同士の国であり、その憎み合う様子は「臥薪嘗胆《がしんしょうたん》（目的を達成するため苦労に耐えること）」や「会稽之恥《かいけいのはじ》（戦いに敗れた恥辱）」といった故事を生み出しました。

孫子は、そうした因縁の仇敵《きゅうてき》の間柄だった呉と越の人も、同じ船に乗り合わせ、嵐に遭って転覆しそうになれば、互いに協力して助け合うだろうと、たとえ話として話したといいます。

そのため、「呉越同舟」とは、**共通の利害や困難に向かって協力して助け合うこと**という意味になり、そこから転じて、一緒にいたり、同じ行動をするときにも使われるようになりました。

つまり、ライバル同士が同じ温泉に入るのも呉越同舟ならば、ライバルが知識を提供し合って商品を共同開発するのも呉越同舟というわけです。

旅行に来てまでいがみ合っていたら、疲れはとれないでしょう。また、同じ商品を共同で作っているのに、知識や技術を出し惜しみしていては、良い商品はできあがりません。

こうしたときには、普段のいさかいは忘れて、ひとつの共通の目的を果たすために協力し合う、つまりは呉越同舟するのが良いというわけです。

誰でも、苦手な人や、張り合ってしまう相手がいるはず。でも、ときには呉越同舟したほうが、お互いに良い場合もあります。舟を降りればまた元に戻るのかもしれませんが、もしかしたら、相手の新しい面が見えてくるかもしれませんね。

高《こう》論《ろん》卓《たく》説《せつ》

——すばらしい意見をほめるときに

優れた議論や見識が高い論説という意味の言葉に「高論」があります。他人の議論に対する尊敬語となっています。そして「卓説」とは、抜きん出て優れた説という意味です。

つまり「高論卓説」は、**群を抜いてすばらしい論説や意見**を指すわけです。

「先日の研究発表会で先生の高論卓説を拝聴し、心から感動いたしました」「部長のお話をうかがい、高論卓説とはまさにこのことだと感じました」などのように、語りかける相手に対して、ほめ言葉として使われるケースが多い四字熟語で、「卓説」だけでも使われます。

こうした尊敬語は年配の方に好まれますので、特にビジネスマンは礼儀として覚えておいて損はありません。

たとえば「優れたご意見に感動しました」よりも「高論卓説、大変勉強になりました」のほうが格調高く、好印象を得られるでしょう。

面《めん》目《もく》躍《やく》如《じょ》

——持ち味を活かして活躍する

好きなこと、得意なことをやっていると、心がわくわくしますね。非常に嬉しいときの表現に「小躍りする」という言葉がありますが、生き生きと何かをしている様子は、まるで踊っているようにも見えます。

「面目躍如」は、そうした踊っているかのように生き生きとしている様子から、評判通りの**その人らしい活躍をして立派であることや、世間の評価がより良くなるさま**を意味しています。

「面目」とは、世の中に対して名誉があること。また、目に見える物事のありさまや、様子を意味します。「面目丸つぶれ」「面目がない」などの言葉は聞いたことがあるでしょう。

また「躍如」とは、生き生きとした様子。ありありと目の前に現れるという意味です。「めんもくやくじょ」とも「めんぼくやくじょ」とも読みます。

「面目躍如たる活躍だ」と言えば、その人らしい、世間の評判通りの活躍をしているという表現であり、そのためにさらに評価が上がっているのもわかるわけです。

「起死回生の逆転ホームランを放ち、四番バッターの面目躍如となった」

「期待の新人が見事に勝利をおさめ、面目躍如たるものがある」

「ベテランの女優が、面目躍如たるすばらしい舞台を見せた」

などのように使います。


単に「がんばっていた」「大活躍だった」と表現するより、「面目躍如」という言葉を使うことで、より躍動感のあるニュアンスを伝えられますね。

「面目躍如」と同じく「面目」から始まる「面目一新」という四字熟語もあります。この意味は、中身はそのままということも多いけれど、外見などをすっかり改めて変えること。あるいは、世間の評判が悪いほうから良いほうへと改まり、すっかり変わることです。


「面目一新、店をリフォームしたところ、客足が伸びた」

「経営陣をがらりと変えて、会社の面目一新をはかった」

などのように使われています。

粒粒辛苦《りゅうりゅうしんく》 ——努力を地道に重ねる人に

知り合いの社長は、物腰が柔らかく、常に笑顔を絶やさない好人物。業界トップの売り上げを誇りながらも、おごったところがなく、その風貌や人柄の良さから、「えびす様」といわれるほどです。

「きっと、あの社長は何の苦労もなく生きてきたんだろう。だから、いつも笑顔でいられるんだ」と思っていました。ところが、ある日、その会社の会社案内を読んで驚きました。そこには、

「若い頃は何をやってもうまくいかず、借金地獄で、一時は夜逃げまで考えたこともあります。しかし、恩師の『あきらめなければ必ず道は開ける』という言葉を胸に、粒粒辛苦の末、やっと今の会社を立ち上げました」

と書かれていたからです。

粒粒辛苦とは、**細かな努力をこつこつと積み重ねて苦労すること**を意味する語。華やかな成功の裏に、実は、何とも血のにじむような努力があったというわけですね。

「つぶつぶしんく」と読んだ人がいるという笑い話もありますが、粒粒は「りゅうりゅう」と読みます。

もともと「粒粒辛苦」とは、穀物の一粒一粒は、農民のなみなみならぬ苦労と努力の結果、実ったものであるという意味の言葉でした。そこから転じて、現在の意味で使われるようになったのです。

日本で最も親しまれている穀物といえば「米」ですが、「米」という字は、「八」「十」「八」の三つの文字から成り立っているとされます。そこから、米作りには八十八の手間がかかる、だからこそ、一粒たりとも無駄にしてはいけないと、昔の人は子どもに教えてきました。

農作物が料理として食卓に並ぶまでの手間も、人が成功するまでの苦労も、表面上ではなかなか見えません。しかし、惜しまぬ手間や苦労、「粒粒辛苦」があるからこそ、良い作物や仕事ができるということを知っておきたいものです。

朝令暮改《ちょうれいぼかい》

——指示が目まぐるしく変わる

朝に出された命令がその日の夕方にはもう改められる。つまり、**命令や法令がころころ変わって定まらないこと**を意味する四字熟語が「朝令暮改」です。

もともとは、漢書の「政治は性急で、荒々しく虐《しいた》げ、租税のとりたては時を選ばす、朝に出された命令は、夕方には改変される」という文からの由来です。

たとえば、自分から「今日はノー残業デーにしよう」と言ったくせに、帰り際になって自分の仕事が終わらないと、当たり前のように部下に手伝わせるような上司の言動は、まさに「朝令暮改」です。

「部長の指示は朝令暮改で困ったものだ」

「付け焼刃で作った規則は朝令暮改になるのが目に見えている」

などのように表現します。良い意味には使われない言葉ですので、自分に対して使われないように気をつけたいものです。

乾《けん》坤《こん》一《いっ》擲《てき》

――命運を左右する転換点

「ずっと温めていた新商品のアイデアがあり、そのアイデアを在籍している会社のために役立てるか、自らの起業のために役立てるか、大いに悩んでいました。そして考え抜いた末に、『乾坤一擲』の大勝負に出ることを決意。会社を辞めて、自ら会社を立ち上げたのです」と、ある社長が話してくれました。

「乾坤一擲」とは、「一擲乾坤を賭《と》す」の略です。「一擲」とは、すべてを一度に投げうつ、さいころを投げること。「乾」は天、「坤」は地。

つまり、天下を賭けて、さいころを投げるように、**思い切って大勝負に出ることや、人生を左右するような大きな事をする**、という意味です。

この社長は、安定した生活や、その会社での成功などを投げうって、運を天に任せて大勝負に出たというわけですね。

「乾坤一擲」という言葉は、唐時代の詩人、韓愈《かんゆ》が、鴻溝《こうこう》において楚《そ》漢《かん》戦争を歌った詩に由来します。

中国で秦朝が滅亡したあと、天下を狙って争っていた楚の項羽《こうう》と、漢の劉邦《りゅうほう》は、激しい戦いの末に膠着《こうちゃく》状態に陥り、ついに鴻溝を境にして天下二分を約束し、兵を引き上げようとします。しかし劉邦の家臣が、「今、項羽を討たなければ後悔する」と進言したため、劉邦は約束を破って項羽を攻め、天下をとりました。

韓愈は、「天下を二分したことで、億万の人民が命を落とさずにすんだはずなのに、一体誰が君主に、一擲乾坤を賭せ、つまり天下を賭けた一度きりの大勝負に賭けさせたのだろうか」と詩に歌ったのです。

さいころの目が運次第で吉と出るか凶と出るかわからないように、ここぞという大勝負の結果は、やってみなければわかりません。

前述の社長の場合も、今までの会社にいたほうが良かったのか、独立したほうが成功したのかは比べようがありません。ただ、独立を望んでいる限り、たとえ在籍していた会社で成功していても後悔が残ったでしょう。勝算は高いに越したことはありませんが、万が一を恐れて動かなければ、望んだものは手に入らないのです。失敗を恐れず、乾坤一擲の大勝負に出るのも、ときには大切でしょう。

拳《けん》拳《けん》服《ふく》膺《よう》

――人の教えを心に深く刻む

「あのとき、先生から言われた一言を忘れない」「親が教えてくれた教訓をずっと守っている」

こんな人は私たちの周囲に多くいるようです。

このように、人の言葉や教えなどを大事にして、**しっかり心に留めて忘れないようにすること**を「拳拳服膺」と表現します。

「先生のお言葉を拳拳服膺して精進いたします」

などのように話します。

拳拳服膺の「拳拳」は、恭《うやうや》しく両手で捧げ持ち、離さない様子。「服膺」は、胸にぴったりとくっつけること。そこから、心に留めるという意味を持ちます。

「拳拳服膺」の使い方は「座《ざ》右《ゆう》の銘」にも似ていますが、「座右の銘」とは、自分が座る場所の右側に書いておく戒めの言葉のこと。「拳拳服膺」には、戒めという意味はありません。

堅《けん》忍《にん》不《ふ》抜《ばつ》 ——何事にも動じない堅い意志

日本人は我慢強く、困難に耐え抜く力を持っているといわれます。有名な例をあげると、本田宗一郎（本田技研工業）、安藤百福《ももふく》（日清食品）、松下幸之助（パナソニック）をはじめとする、日本を代表する企業の創業者たちは、どんな苦境に立たされても決してあきらめず、強い意志を持って厳しい道を進み、世界にその名をとどろかすまでになりました。

このように、どんなことがあっても耐え忍び、動じないことを「堅忍不抜」といいます。

「小柄な身長ながら、バスケットボールの選手としてインターハイに出場できたのは、彼の堅忍不抜の努力があってこそだ」

「社長の堅忍不抜の精神が、今の会社の礎を築いた」

などのように表現します。**努力の人に対してほめ言葉として重宝する**ので、ぜひ覚えておきましょう。

鶏《けい》口《こう》牛後《ぎゅうご》

――小さな集団のトップになれ

「寧《むし》ろ鶏口となるも、牛後となるなかれ」という故事成語があります。**小さく弱い集団であっても、その中で頭になるほうが、強大な集団の尻に付き従うよりも良い**、という意味です。

これは中国の戦国時代に、遊説家の蘇《そ》秦《しん》という人物が、韓の恵宣王《けいせんおう》に説いた言葉の中にも出てくる古いことわざです。

蘇秦は「ことわざによると、寧ろ鶏口となるも、牛後となるなかれというけれど、今、秦に屈して付き従うのは、牛後に異ならないのではないか」つまり、小国とはいえ、強大国の臣下に成り下がるのではなく、一国の王としての権威を保つべきだと説いたのです。

そして蘇秦は見事に、韓・楚・魏・趙・斉・燕の合従策《がっしょうさく》を実現し、六国の宰相となったといいます。

こうした話から「鶏口牛後」が生まれました。鶏口を鶏の頭、牛後を牛の尻尾とイメージし、俗に「鶏頭牛尾《けいとうぎゅうび》」という表現も使われていますが、もとになっている言葉を見れば、「鶏口牛後」が正しいとわかります。

戦国時代の王たちの心を動かした「鶏口牛後」という言葉は、現代に生きる私たちにとっても、たびたび選択を迫られる問題です。

そのトップは、高校や大学受験のとき。自分の学力レベルと照らし合わせて、たとえ入学が難しい状態でも難関の有名校を選ぶか、有名校ではないが、学年トップも夢ではない学校を選ぶかは、難しい問題です。

たとえ成績がビリでも、有名な大学というだけで就職には有利かもしれません。反対に、有名校でなくとも、学年トップだったという実績があれば、それなりに評価されるかもしれません。

また、社会人になってからも、選択をするべき機会はあります。

たとえば起業をして、小さな会社でも社長の座につくか。昇進は望まずに、ある程度の会社で安定した給料がもらえる環境を選ぶのか。

もちろん、どちらが良いという答えはありませんが、「牛後」で安穏とするのではなく、「鶏口」の志を持つことも大切かもしれませんね。

金科玉条《きんかぎょくじょう》

——信条として守るべきもの

「金科玉条」の「金」と「玉」は、得がたいもの、大切なもののたとえ。「科」と「条」は、規定や法律の条文です。

つまり、最も大切にして守るべき重要な規則を指し、転じて、「金科玉条」とは、**自分自身の主義主張を守り通すための信条**を意味するようになりました。

「金科玉条」は守るべき重要な法律という意味になるのですが、現在では違う意味でも用いられます。

「時代遅れの経営戦略を金科玉条と尊んでいるようでは、我が社の将来も明るくないだろう」

というように、融通のきかないたとえにも使われるのです。

そのため、「金科玉条」は、使用するときにも、誰かが口にするのを聞いたときにも、いったいどういった意味が込められているのかに注意する必要があるでしょう。

「金科玉条」の類句としては「金科玉律《ぎょくりつ》」という言葉もあります。

夜《や》郎《ろう》自《じ》大《だい》

——それほど威張れる根拠は？

所属する部門で何度か売り上げトップを記録して大威張りの人がいます。そのこと自体は立派なのですが、「ナンバーワンは自分だ」「私がいなければ会社は傾く」などと威張り、「夜郎自大にもほどがある」と、同僚たちもうんざりしています。

「夜郎自大」とは、**自分の力量を知らないで威張っている**という意味ですが、その語源は、中国の漢代まで遡ります。

漢代、西南地方に夜郎国という、その地方では大きな国がありました。その地方で大きいといっても、中国全土でみれば、少数民族に過ぎません。しかし夜郎国の王は、漢の使者が訪れたとき、漢がどれだけ広大な国であるかを知らずに尊大に構えて、「わが国と漢とでは、どちらが大きいのか」と聞いたといいます。

この故事から、夜郎自大という言葉は生まれました。

略して「夜郎大」とも使います。言葉のイメージとその音から、「野郎自大」と書く人が少なくありませんが、語源を見れば間違いだとわかりますね。

率《そっ》先《せん》垂《すい》範《はん》 ——指導者がとるべき姿勢

優秀な部下を育てるには、まず自らが優秀な上司でなくてはなりません。なぜなら、いくら教育のテクニックを磨いたところで、上司の日常的な仕事ぶりがだらしなかったり、失敗だらけでは、部下はついてこないからです。

自らを厳しく律し、その背中を部下に見せることが何よりの教育になるでしょう。

このように、**人の先に立ち、自ら模範を示すこと**を「率先垂範」といいます。

「まず、経営陣が率先垂範しなければ、会社を立て直すことは難しいだろう」

「先生が率先垂範を心がけることで、何よりのしつけになる」

などのように表現します。

類語には、「率先躬行《きゅうこう》」があります。「躬行」とは、自分で実際に実行するという意味の語。

「御託を並べるよりも、率先躬行するほうが、部下に対して説得力がある」

のように使います。

捲《けん》土《ど》重来《ちょうらい》

――リベンジの絶好の機会

前回のプレゼンでライバル会社に負けてしまい、その悔しさをバネに、次のプレゼンに備えていました。そして、ついにチャンス到来。そのとき、上司から、

「捲土重来、今の君なら大丈夫。思い切ってやって来い！」

と肩を叩かれました。

捲土重来とは、物事に一度失敗したものが、非常に勢いよく盛り返すことを意味する語です。「捲土」は土ぼこりを上げることで、「重来」は重ねてやって来るという意味。**現代風の言い方にすれば、リベンジあたりが近い**かもしれません。

「捲土重来を期して、今年こそ優勝をつかみとろう」

のように使います。

類語には、「起死回生」があります。これは、死にかかっている人を生き返らせるという意味ですが、それから転じて、滅びかかっているものをもとに戻したり、絶望的な状態をもう一度盛んにするという意味になっています。

臥《が》薪《しん》嘗胆《しょうたん》

——屈辱の日々に執念で耐える

「臥薪嘗胆」は中国の故事から生まれました。**目的達成や名誉挽回のために、つらく苦しいことでも耐え抜く**というたとえです。

「臥薪嘗胆の思いで、今日まで頑張ってまいりました」

「臥薪嘗胆の末、我が社を立ち上げられたのです」

などのように用います。

ところで、臥薪嘗胆がなぜつらく苦しいことを耐え抜くたとえなのでしょうか。実は、その言葉が生まれた背景には壮絶な復讐劇があるのです。

昔、呉と越の国は長年にわたり戦っていました。あるとき、呉が越に攻め入りましたが失敗し、呉の国王は瀕死《ひんし》の重傷を負いました。

自分の命の限りをさとった呉の王は、枕元に息子を呼び寄せ「この恨みを一生忘れてはならない」と告げ、そのまま息を引き取ってしまいました。

その日から息子の夫差《ふさ》は「薪《まき》」を積み上げ、その上に「臥せて」眠りました。ごつごつした薪に臥せるのですから、体が痛んで眠るどころではありません。しかし、そのことで父親の無念を忘れないようにしたのです。それが、「臥薪」という意味。

父の死から数年たち、夫差は越に攻め入って勝利しました。それは、父の悔しさを忘れないよう、つらく苦しい毎日を自らに課したからでしょう。

越の国王・勾践《こうせん》は、呉の王族に越の財産をすべて譲ることと、自らが奴隷となることで命乞いをしました。夫差の家臣は止めましたが、夫差は申し出を受け入れました。その日から、勾践は部屋に獣の「胆《きも》」を吊るし、朝夕にそれを「嘗《な》め」ました。獣の胆はひどく苦く、とても嘗められたものではありません。しかし、勾践はそれをすることで敗戦の屈辱を忘れないようにしたのです。これが「嘗胆」です。

そこから二十年の月日が流れ、屈辱の日々を耐え忍び力を蓄えた勾践は、呉の軍を打ち破ったのです。そして、家臣の言葉に耳を傾けなかった夫差が自害したことで、長い年月をかけた戦いは幕を下ろしました。

言葉の意味を知ると、簡単には使えない「臥薪嘗胆」ですが、このくらいの気合と執念を持って目標に向かっていけたら、すばらしいですね。

読み間違えやすい四字熟語

❖時期尚早

×ジキソウソウ ⬇ ○ジキショウソウ

ある物事を行うのにまだ早すぎるという意味です。時期がなお早いと訓読みでも覚えておけば間違えませんね。「時期」を「時機」と書くと誤りです。

❖侃々諤々

×ケンケンガクガク ⬇ ○カンカンガクガク

活発に議論する様子を表す四字熟語。「喧々囂々《ケンケンゴウゴウ》」という言葉と混同し、「ケンケンガクガク」と読み間違う人が少なくありません。

❖不撓不屈

×フギョウフクツ ⬇ ○フトウフクツ

強い信念を持って、どんな困難に直面してもひるまず、くじけないこと。

「撓」は、「たわむ」という字。右側に位置する「堯」が「ギョウ」と読むため惑わされやすいですが、「撓」に「ギョウ」という読み方はありません。

言語道断　×ゲンゴドウダン⇒○ゴンゴドウダン

「道」とは方法のこと。もとは仏教において、言語では表現できないほど仏法の真理が奥深いという意味の言葉です。そこから転じて、言語で表す方法が断たれているほど、ひどい誤りに対して使われるようになり、「話にもならない」「もってのほか」という意味になりました。

三位一体　×サンイイッタイ⇒○サンミイッタイ

三つのものが、一つのものの三つの側面である、あるいは、三者が心を合わせるという意味の四字熟語。「役所と企業と地域の人たちが三位一体となって、街を作り上げる」というように用います。「三身一体」と書き間違う人も多いので気をつけましょう。

大言壮語　×ダイゴンソウゴ⇒○タイゲンソウゴ

できそうもないことや、実力以上に威勢のいいことを言う。また、その言葉。「ダ、イゲンソウゴ」と読み間違うことも多いのでご注意を。

書き間違えやすい四字熟語

×意味慎重⬇○意《い》味《み》深《しん》長《ちょう》

言葉や態度、文章に、深い意味がひそんでいるということ。「意味深」とは、「意味深長」の略なのです。それを知っていれば、もう間違えませんね。

×雲散夢消⬇○雲《うん》散《さん》霧《む》消《しょう》

雲や霧が消え去るように、物事が跡形もなく消え失せること。「雲消霧散」ともいいます。

×温古知新⬇○温《おん》故《こ》知《ち》新《しん》

昔の物事や前に学んだことを研究して、そこから新しい見解や知識を得ること。「故《ふる》きを温《たず》ね新しきを知る」と慣用句としても使われます。孔子が人の師となるにふさわしい資格について語った言葉です。

×異**句**同音➡○異**口**同音《いくどうおん》

多くの人が口をそろえ、同じことを言うこと。多くの意見が一致すること。「異口」とは、いろいろな人の口という意味なので、「句」を使うのは誤り。

×一陽来**福**➡○一陽来**復**《いちようらいふく》

悪いことが重なった後に良いことが巡ってくる。「来福」と書く人が多いですが、「来復」は一度去ったものが再びやって来るという意味です。

×厚顔無**知**➡○厚顔無**恥**《こうがんむち》

あつかましく恥知らずなこと。物を知らないという意味ではなく、恥知らずなので、「無知」ではなく「無恥」を使います。

×危機一**発**➡○危機一**髪**《ききいっぱつ》

極めて危険な状態。髪の毛一本ほどの違いで危機に瀕《ひん》するので「一髪」と書きます。

ほめるときに使いたい四字熟語

一字千金《いちじせんきん》

きわめて価値がある、立派な文章や文字、筆跡という意味の四字熟語。厚い恩恵のたとえにも使われます。すばらしい文章をほめるときに使いたい言葉です。

才色兼備《さいしょくけんび》

女性が、才能と美貌の両方を兼ね備えていること。「才」とは才知、「色」とは容色。「兼備」は二つ以上の物事を兼ね備えているという意味です。

八面六臂《はちめんろっぴ》

八つの顔と六つのひじということから転じて、一人で何人分もの働きをこなすという意味です。「八面六臂の大活躍」のように使います。

音《おん》吐《と》朗《ろう》々《ろう》

文章などを読み上げる声が、はっきりと大きい様子。「部長は音吐朗々、祝辞を読み上げた」のように使います。

鶏《けい》群《ぐん》一《いっ》鶴《かく》

多くの凡人の中に、一人いる優秀な人物という意味。類語には、「掃《は》き溜《だ》めに鶴」があります。

古《こ》今《こん》無《む》双《そう》

過去から現在まで匹敵する人物がいないこと。「古今無双の書道の達人」のように表現します。

天《てん》馬《ば》行《こう》空《くう》

すばらしい勢いで進む様子。「彼女のプランは独創的で、まさに天馬行空だ」のように、発想や着想が自由で奔放なこと。「天馬」は「てんま」とも読みます。

励ますときに使える四字熟語

一病息災《いちびょうそくさい》

まるで病気をしない人より、ひとつくらい持病があるほうが、健康に注意するから長生きできるという意味。病気にかかった人や持病がある人を励ますときに使えます。

行雲流水《こううんりゅうすい》

物事に執着せず、自由な気持ちでいる様子。まじめすぎてストレスを感じている人に対し、「もっと肩の力を抜いて、行雲流水でやればいいよ」などと使います。

愚公移山《ぐこういざん》

怠らずに努力を続ければ、いつかはどんな大きな事業も成功するというたとえです。高い志を持っていても、ときに立ち止まってしまうこともあるでしょう。そんな相手を励ますときに使える言葉です。

鼓舞激励《こぶげきれい》

励まし、相手の心を奮い立たせること。「甲子園出場をかけた最終試合、部員たちを鼓舞激励するためにOBたちが集まった」のように話します。

百折不撓《ひゃくせつふとう》

「百折」は、何度も繰り返し挫折することで、「不撓」はたわまないという意味から、気力をなくさないこと。それらを合わせて、何度挫折したとしてもくじけないこと。強固な意志のたとえ。「百折不撓の精神で、最後まで戦い抜け」のように表現します。

痛定思痛《つうていしつう》

辛い過去を思い出し、これからの戒めにすること。後になって失敗を反省するたとえ。「痛定思痛できる人は、いつか必ず成功する」のように用います。

喜びを表す四字熟語

✤有頂天外《うちょうてんがい》

「有頂天」とは、仏教で、この世の最も上に位置する世界のこと。同時に、そうした位置にのぼりつめるように、我を忘れて物事に熱中するという意味があります。「有頂天外」とはさらにその上というわけですから、これ以上ないほどの大喜びとわかるでしょう。「新商品の契約数が倍増し、社長は有頂天外だ」のように用います。

✤破顔一笑《はがんいっしょう》

顔をほころばせてにっこりと笑うこと。「破顔」は顔をほころばせる、「一笑」はにっこりするという意味。類語に、「喜色満面《きしょくまんめん》」があります。「長年のライバルに試合で勝ち、破顔一笑した」などと表現します。

大願成就《たいがんじょうじゅ》

神仏に願ったことがかなう。転じて、大きな願いがかなうこと。「婚活をがんばったおかげですばらしい伴侶とめぐり合えて、大願成就だ」のように使います。

福徳円満《ふくとくえんまん》

「福徳」は幸福と利益のことで、「円満」は満ち足りてなごやかな様子です。物質的にも精神的にも恵まれている様子を表す語で、「校長先生は、福徳円満な顔立ちをしている」のように使います。

歓天喜地《かんてんきち》

天を見上げて歓声を上げて、地面に臥して喜ぶ様子から、この上ない大喜びのたとえ。「無理だと思っていた難関大学に合格し、兄は歓天喜地した」のように使います。

呵々大笑《かかたいしょう》

大きな声でカラカラと笑うこと。

自然を表す四字熟語

❖花鳥風月《かちょうふうげつ》

美しい自然の風物や、それらを観賞する風流な心を意味します。「旅先で花鳥風月を楽しむ」「彼は仕事人間で、花鳥風月に縁がない人だ」のように表します。

❖三寒四温《さんかんしおん》

寒い日が三日続いたあと、暖かい日が四日ほど続き、これが交互に繰り返される現象を意味します。本来は朝鮮や中国北部で冬季にみられる現象を指しますが、日本では春先がまさに三寒四温のため、その時期に使われます。

❖晴好雨奇《せいこううき》

晴れていても雨が降っていても眺めが良く、それぞれに異なる趣があること。「晴好雨奇の趣がある」「晴好雨奇の眺め」のように使います。

✤一望千里《いちぼうせんり》

千里とは約四千㎞で、それを一望できるという意味から、風景が広々としていること。「頂上からの一望千里の眺めに、登山の疲れなど吹き飛んだ」のように表現します。

✤旱天慈雨《かんてんじう》(干天の慈雨)

日照りが続いたあとに降る恵みの雨のことで、困っているときの援助や物資のたとえ。「無駄遣いで金欠になり食費を切り詰めていた。そんなときに、実家から米と野菜が送られてきたのは旱天慈雨だった」のように使います。

✤柳緑花紅《りゅうりょくかこう》

中国の詩人・蘇軾《そしょく》の詩に出てくる言葉です。柳は緑になり、花は紅《くれない》に咲くように、この世のものにはそれぞれ自然の理《ことわり》が備わっていて、ひとつひとつ違っているというたとえ。また、春の美しい景色、手つかずの自然の様子を表します。「柳は緑、花は紅」とも読みます。

力がみなぎる四字熟語

意気軒昂《いきけんこう》

元気で張り切っている様子。「軒」「昂」どちらの字も、高く上がるという意味があります。「社長は傘寿《さんじゅ》を迎えてなお、意気軒昂としている」のように表現します。

粉骨砕身《ふんこつさいしん》

骨を粉にし、身を砕くほど努力すること。力の限りつくすこと。「みなさまの期待に応えるべく、粉骨砕身がんばります」のように使います。

孤軍奮闘《こぐんふんとう》

援軍もなく孤立した状況の中で、一人で敵に立ち向かう様子から、誰の力も借りずに一人で物事をやり抜くという意味。「少しでも経営を立て直そうと、彼は孤軍奮闘した」のように用います。

一気呵成《いっきかせい》

「呵」の字は、「ハァッ」と息を吐き出す様子。一気に文章を書き上げること。あるいは、一気に仕事を仕上げること。「一気呵成に報告書を書き上げた」のように使う。

獅子奮迅《ししふんじん》

獅子が奮い立って暴れ回るように、猛烈な勢いで活動するという意味。「先輩は獅子奮迅の勢いで、相手選手をなぎ倒していった」のように表します。

疾風迅雷《しっぷうじんらい》

激しい風、鳴り響く雷から、勢いや行動が素早い様子。「疾風迅雷の快進撃を見せてくれた」のように使います。

鉄心石腸《てっしんせきちょう》

どんな困難にもへこたれない、強固な精神力や意志のたとえ。

本書は、本文庫のために書き下ろされたものです。

語彙力向上研究会
（ごいりょくこうじょうけんきゅうかい）
知性と教養を感じさせる会話や文章を研究するグループ。メンバーは常に、ワンランク上の言葉遣いの研鑽に余念がない。特に、大人として身につけておきたい語彙の由来や使い方についての著作が多い。
このメンバーが執筆にかかわった書籍に、『デキる人は「言い回し」が凄い』『デキる人は「喋り」が凄い』（以上、ＫＡＤＯＫＡＷＡ日本語力向上会議・著として）、『間違いのない日本語』（ＰＨＰ研究所　幸運社・編として）などがある。

知的生きかた文庫

できる人《ひと》の語《ご》彙《い》力《りょく》が身《み》につく本《ほん》

著　者　語《ご》彙《い》力《りょく》向《こう》上《じょう》研《けん》究《きゅう》会《かい》
発行者　押鐘太陽
発行所　株式会社三笠書房
〒一〇二-〇〇七二　東京都千代田区飯田橋三-三-一
電話〇三-五二二六-五七三四〈営業部〉
　　〇三-五二二六-五七三一〈編集部〉
http://www.mikasashobo.co.jp
印刷　誠宏印刷
製本　若林製本工場

ISBN978-4-8379-8484-9 C0130

知的生きかた文庫

ビジネスですぐ使える 語《ご》彙《い》力《りょく》が身につく本

「この言葉」を使うだけで大きな差がつく！

語彙力向上研究会［著］

仕事の「成果」は「言葉」で変わる！

◆この企画は専務の**肝いり**だから、必ず成功させよう。

◆ガソリンエンジン車市場は、**シュリンク**すると予測されている。

◆**梃入れ**のために、本社からやり手の社員が配属されてきた。

◆目標達成のために、いかに**PDCA**のサイクルをまわすかが重要だ。

◆我が社の強みを生かすために、**着眼大局**の事業方針を練ろう。

語彙力は、あなたの能力をアピールする「最高のツール」！

C10049